교회를 말하다

교회를 말하다

지은이 | 이규현
초판 발행 | 2021. 10. 15
2쇄 발행 | 2024. 2. 20
등록번호 | 제1988-000080호
등록된 곳 | 서울특별시 용산구 서빙고로65길 38
발행처 | 사단법인 두란노서원
영업부 | 2078-3352   FAX | 080-749-3705
출판부 | 2078-3331

책값은 뒤표지에 있습니다.
ISBN 978-89-531-4082-0 04230
      978-89-531-3895-7 04230(세트)

독자의 의견을 기다립니다.
tpress@duranno.com   www.duranno.com

두란노서원은 바울 사도가 3차 전도여행 때 에베소에서 성령 받은 제자들을 따로 세워 하나님의 말씀으로 양육하던 장소입니다.
사도행전 19장 8-20절의 정신에 따라 첫째 목회자를 돕는 사역과 평신도를 훈련시키는 사역, 둘째 세계선교(TIM)와 문서선교 (단
행본·잡지) 사역, 셋째 예수문화 및 경배와 찬양 사역, 그리고 가정·상담 사역 등을 감당하고 있습니다. 1980년 12월 22일에 창립된
두란노서원은 주님 오실 때까지 이 사역들을 계속할 것입니다.

이규현 목사의 교회론

교회를
말하다

이규현 지음

두란노

목차

프롤로그 *6*

Part 1 ════ 난파의 위기에 처한 교회를 구하라

: 교회 진단

Chapter 1   왜 교회론인가 *12*

Chapter 2   교회의 본질을 찾으라 *30*

Part 2 ════ 교회, 청사진을 그리다

: 교회의 본질

Chapter 3   은혜가 풍성한 교회 *58*

Chapter 4   하나님을 알아 가는 열심 *72*

Chapter 5   그리스도, 교회의 중심 *88*

Chapter 6   함께 세워가는 공동체 *106*

Part 3 ═══ 하나님의, 하나님을 위한, 하나님에 의한

: 교회의 존재 이유

Chapter 7   교회, 그 능력의 비밀 *122*

Chapter 8   놓치지 않아야 할 하나 됨 *136*

Chapter 9.   교회의 자라남 *146*

Chapter 10   새사람으로의 변화 *158*

Chapter 11   성령 충만함으로의 초대 *170*

Chapter 12   교회가 가진 무기들 *178*

Part 4 ═══ 교회의 교회 됨이란 무엇인가?

: 건강한 교회론

Chapter 13   한 영혼에 생명을 바치다 *192*

Chapter 14   복음이 우선이다 *200*

Chapter 15   교회를 교회 되게 *208*

Part 5 ═══ 교회, 세상을 향하다

: 교회가 나아갈 방향

Chapter 16   성장이 아닌 생명이다 *226*

Chapter 17   세상과 더불어 함께 가다 *236*

Chapter 18   담장을 뛰어넘는 교회 *250*

====== 위기 시대, 교회의 원형을 찾아서 ======

교회를 다니지만 교회가 무엇인지 모르고 다니는 교인들이 의외로 많다. 오늘날 교회의 숨겨진 아픔이며 속 사정이다. 교회가 무엇인지 모른다면 신앙생활도 혼란에 빠질 수밖에 없다. 교회에서 일어나는 사고들의 원인을 더듬어 가면 '교회론에 대한 이해의 부재'라는 것을 알게 된다. 교회 안에서 부딪히는 고민은 '이건 내가 생각한 교회와는 달라'다. 그래서 사람들은 자신이 원하는 교회를 찾아다니기 시작한다. 그러나 '내 마음에 꼭 드는 교회'는 지상에 존재하지 않는다.

사람들마다 교회에 대한 관점이 다르다. 다른 교회관을 가지고 한 교회 안에서 신앙생활을 하다 보면 갈등이 일어난다. 한 가지 문제만 발생해도 다양한 접근과 견해들이 난무하다. 지상의 교회가 혼란한 이유다. 갈등과 대립, 혼란 속에 빠져든 교회들이 의외로 많다. 성도들에게는 자신 안에 형성된 독특한 교회관이 있다. 그것은 자신이 거쳐 온 교회들의 경험의 총합에서 나온 교회관이다. 문제는 그 교회관이 전부인 줄로 알 때다.

목회자에게 있어 교회론은 매우 중요하다. 교회론에 따라 목회하게 된다. 교회론 이상의 교회는 형성될 수 없다. 교회론은 건물의 청사진과 같기 때문이다. 청사진이 없이 집을 지을 수 없다. 청사진은 짓고 난 다음에 필요한 것이 아니라 건축 이전에 필요하다. 청사진 없이 지은 건물은 언젠가는 허물어야 하거나 아니면 시간이 흐를수록 위험한 구조물이 된다. 교회도 마찬가지다.

교회의 생명력은 탁월한 건물이나 조직이나 규모에 있는 것이 아니라 그리스도께 달려 있다. 그리스도의 주권을 인정하고 그분의 통치에 순복할 줄 아는 교회는 강력하다. 교회를 이끌어 가는 힘은 운영 내규나 행정의 힘이나 전통의 힘이 아니다. 탄탄한 재정력이나 수에 있는 것이 아니라, 복음이 능력으로 드러나는 것이다. 그리스도의 교회인가, 사람 중심의 교회인가에 따라 모든 판도가 달라진다.

교회론의 근거는 철저히 성경으로부터 나와야 한다. 성경적 교회론이 탄탄하면 외부의 압력에도 흔들리지 않는다. 성경적 근거에 철저히 집중한 교회는 갈수록 진가를 드러낸다. 지진의 강도가 높을수록 기초가 단단한 건물은 빛이 난다.

모든 것이 흔들리는 시대, 교회도 역시 교회론의 싸움이다. 지상의 교회는 다양하다. 다 같을 수 없다. 그러나 성경으로부터 나온 교회론의 무장은 이론의 여지가 없다. 많은 교회가 역사 속에서 쇠퇴해져 간다. 사람들이 원하는 교회, 인간의 기호에 부응하는 교회, 전통에만 의존한 교회는 사라질 수밖에 없다. 성경이 말하는 교회의 원형의 복음을 찾기 위한 노력을 멈추지 않아야 한다.

역사 속에 지상의 교회는 늘 연약한 모습을 보여 왔다. 요즘 교회를 다니면서 갈등과 고민을 하는 사람들이 많아졌다. 교회에 대해서 실망하고 떠난 사람들도 많다. 그러나 지상의 교회는 여전히 중요하다. 아무리 연약해도 포기할 수 없는 이유가 있다. 교회는 세상의 조직이나 단체와는 다르다. 교회의 존재 이유 때문이다.

지상에 완전한 교회는 없다. 이유는 불완전한 사람들이 모여 있기 때문이다. 교회는 무균실이 아니다. 그런 면에서 늘 연약함을 드러낼 수밖에 없다. 인간들의 모임만으로 끝난다면 소망이 없다. 그러나 교회는 그리스도가 세우시고 이끌어 가신다. 2000년의 역사가 그것을 말해 준다.

필립 얀시(Philip Yancey)가 쓴 《교회 나의 고민 나의 사랑》(IVP, 2019)이라는 책은 그의 자전적 교회에 대한 이야기다. 책 제목처럼 교회에 대한 사랑과 그의 고민을 동시에 고백하고 있다. 그는 책 말미쯤에 스트라빈스키(Igor Stravinsky)의 음악 이야기를 하고 있다.

스트라빈스키가 대단히 어려운 바이올린 연주곡을 썼다. 그 곡을 받은 연주자가 몇 주 후에 찾아와 최선을 다해 연습을 해 보았지만 너무 어려워 도무지 연주를 할 수 없다고 토로했다. 그때 스트라빈스키가 대답하기를, "이해합니다. 내가 의도하는 바는 어떻게든 연주해 보려고 애를 쓸 때 나오는 그 소리입니다"라고 했다. 필립 얀시는 "하나님이 애초에 생각하신 교회도 바로 그런 것이 아니었을까?"라고 질문한다.

인간의 힘으로는 교회다운 교회를 만들어 낼 수 없다. 그러나 하나님이 우리에게 지상의 교회를 세워 가도록 맡기신 의도는 하나님이 의도하셨던 완전한 모습은 불가능하지만 최선을 다해 보려는 것임을, 그것이 바로 하나님이 원하시는 것이라는 말에 위로가 된다.

탈 종교화, 탈 교회화가 가속화되어 가는 시대에도 불구하고 교회의 존재 목적은 분명하다. 교회가 아니면 하늘의 소리를 세상에 들려줄 수 있는 곳은 지상에 존재하지 않기 때문이다. 하나님은 교회를 통해서 세상의 구원 역사를 펼쳐 가고 계신다. 교회가 비록 부실하고 연약해도 2000년의 역사 속에서 교회는 복음을 세상에 증거하는 일에 쓰임을 받아 왔다. 교회의 머리 되신 그리스도시기에 교회는 세상의 유일한 소망이 되고도 남는다.

하나님은 지금도 교회를 통해 일하신다. 교회의 영광스러운 지위를 다시 회복하고 하나님이 본래 디자인하신 교회의 원형을 따라가고자 하는 열망을 이 책에 조금이라도 담아 보려고 애를 써 보았다.

이 책은 그동안 다양한 경로를 통해서 교회론을 강의했던 내용을 정리해 펴낸 것이다. 많은 분의 수고에 의해 만들어졌다. 정성을 기울여 주신 두란노와 수영로교회 홍보실, 그리고 김나빈 목사의 수고에 감사의 마음을 전한다.

해운대에서
이규현 목사

Part 1

난파의 위기에 처한
교회를 구하라

: 교회 진단

Chapter 1

왜 교회론인가

저는 교회에 처음 발을 디딘 이후로 교회를 떠나 본 적이 한 번도 없습니다. 존 칼빈(John Calvin)이 이야기했듯이, 제게 교회는 어머니와 같습니다. 어린 시절 교회에 대한 추억도 아름답습니다. 개척 교회를 다녔는데 판자로 얼기설기 지어 겉으로 보면 참 볼품없었습니다. 그런 교회에 여기저기서 아이들이 몰려오고, 세례를 받고, 하나님의 사람들이 배출되어 세상 곳곳에 가서 하나님의 선한 일들을 감당했습니다. 교회는 언제나 삶의 중심부였습니다. 오로지 '교회'뿐이었습니다. 모든 일이 교회 중심으로 이루어졌고, 교회를 떠날 수 없었으며, 또 교회만큼 행복하고 즐거운 곳이 없었습니다. 한마디로, 교회 안에서 살았습니다.

그런데 세월이 지나고, 신학을 공부하면서 목회자의 길을 걷는 가운데 교회의 모습이 달리 보였습니다. 교회 안으로 깊숙히 들어오자 교회의 연약한 부분이 보이기 시작한 것입니다. 제가 생각했던 교회의 모습보다 상당히 부실했습니다. 그렇다 보니 실망도 되고, 아쉬움도 있고, 눈에 걸리는 부분도 생겼습니다.

신학교를 다니던 시절, 굉장한 딜레마에 빠졌습니다. 교회에 대한 실망과 함께 참된 교회에 대한 목마름이 있었습니다. 목회를 배우는 단계에서 교회론적인 고민을 계속했습니다. 그 고민은 그치지 않고 새록새록 떠올랐습니다. 우리가 원하는 교회가 아니라, '주님이 원하시는 교회는 어떤 것인가?' 하는 고민이었습니다.

우리가 이미 경험한 교회가 전부는 아닙니다. 성도들이 각자 자신이 생각하는 교회론을 갖고 서로의 의견만을 주장하기 시작하면 곧 교회는 혼란에 빠지고 맙니다. 성경이 교회를 어떻게 말하는지를 새롭게 바라보는 진지한 태도가 필요합니다.

한국 교회, 돌파구가 필요하다

저는 호주에서 20년을 지냈습니다. 호주에 있는 동안 현지 교회들의 모습을 많이 봤습니다. 호주 교회는 서구 교회를 그대로 닮아 있습니다. 서구 교회의 몰락 현장과 비슷합니다. 그래서 교인들 중에 노인이 많고, 건물이 팔려 나가는 교회도 많습니다. 젊은이들이 거의 없습니다. 많은 교회가 쇠퇴를 경험하고 있습니다.

한국을 떠나 미주의 한인 교회들, 해외에 있는 한인 교회들을 보며 이런 상황들을 몸으로 느꼈습니다. 그러고는 한국에 들어왔습니다. 지금의 한국은 서구 교회들이 가던 그 길을 너무나 빨리 가고 있습니다. 한국 교회는 불꽃처럼 솟아오르다 금방 사라져 버리고 있습니다. 너무나 빠르게 쇠퇴기를 겪고 있습니다. 한 해, 한 해가 다릅니다. 한국에 있을 때는 잘 못 느꼈는데 해외에 있다 보니 체감되었습니다. 변화하고 있는 모습이 무섭다고 느껴집니다. 제가 보기에 한국 교회는 향후 10년 안에 가파르게 하락하리라 예상됩니다. 목회 현장이 큰 교회든, 작은 교회든 할 것 없이 목회자들이 이구동성으로 그렇게 말합니다. 굉장히 긴장감이 도는 일입니다. 10년 후 목회자들이 어떻게 목회하게 될지 상상하기 어렵습니다.

저는 그런 위기감을 온몸으로 느끼고 있습니다. 한 도시에서 목회를 하면서 (제가 풀 수 있는 문제는 아니지만) 잠을 못 잘 정도의 긴장감을 온

교회를 말하다

몸에 안고 있습니다. 이런 위기의 시대에 이 난국을 우리 목회자들은 어떻게 바라보아야 합니까?

우선, 위기를 정확하게 느낄 필요가 있습니다. 문제를 문제로 볼 줄 아는 것이 답을 얻는 첫 번째 자세입니다. 책이나 다른 여러 가지 방법을 통해 평가하고 진단을 많이 했습니다. 그러나 이제는 평가나 진단만 할 수는 없습니다. 답을 내야 하고, 대안을 만들어야 하고, 치고 나가야 합니다. 무엇인가 돌파구를 찾아내야 합니다.

'이제는 진짜 전도 안 된다.' 이것은 진단입니다. 평가했다고 해서 그것으로 끝내 버리면 안 됩니다. '안 되면 진짜 안 되는 것인가? 그럼 포기할 것인가?' 하는 고민을 해야 합니다. 그런 의미에서 이 책에서 독자들에게 시원한 답을 드린다기보다는 같이 고민하고 풀어 가길 원합니다.

지금 이 시대는 개인주의의 심화, 특별히 한국 교회의 경우에는 경제 성장으로 인한 가치관의 변화로 사람들이 변했습니다. 모든 것이 물질주의적인 관점으로 변해 있습니다. 돈의 영향력이 엄청나게 커졌습니다. 자본주의 국가에서는 돈 없이는 살 수 없게 되어 있습니다. 그러니 돈에 매일 수밖에 없습니다. 교회 안에도 마찬가지로 돈의 논리가 있습니다. 교인들의 머릿속에 돈이 있습니다. 심지어 헌금해야 직분자도 됩니다. 돈, 돈입니다. 돈의 논리가 엄청난 힘을 갖고 있습니다. 돈이 없으면 아무것도 못하는 자본주의, 이것이 돈의 원리입니다. 자본주의 사회에서는 소비주의가 계속 조장되고, 그런 소비주의 시대에 사람들의 내면은 욕구 불만으로 가득 차 있습니다.

특별히 지금의 모바일 시대는 더 큰 영향을 주었습니다. 손 안에 모든 정보가 열려 있습니다. 공간의 문제가 아닙니다. 지금은 스마트폰을 켜면 모든 설교를 들을 수 있습니다. 이제는 어떤 교회를 다닌다고 해서 그 교회의 교인이 아닙니다. 은혜 받는 목사님이 따로 있습니다.

모바일 시대는 엄청납니다. 고속도로가 열렸습니다. 교통은 점점 더 빨라지고 있습니다. 하루 안에 할 수 있는 일이 많아지고 있습니다. 사람들이 이동하고 있습니다. 지하철역이나 공항에는 언제나 사람들이 가득합니다. 사람들은 끊임없이 이동하고 있습니다. 생활의 패턴이 바뀌어 한시도 가만히 있지 않습니다. 교회를 옮기는 것은 일도 아닙니다. 교회는 아무것도 아닙니다. 개념이, 삶의 패턴이 바뀌었습니다.

이런 곳에서 사람들은 외로워집니다. 정착하지 않기 때문입니다. 옮기면 항상 이방인이 됩니다. 현대인들은 소외감을 느낍니다. 철저히 사생활을 중요시하는 개인주의에 빠져 있습니다. 스스로 소외시키고 있습니다. 우울증이 많고 중독에 빠지는 것이 지금 사회적 현상이 될 수밖에 없습니다.

변화된 세상, 전통적 모델 목회에서 재고해야 할 것들

세상은 완전히 바뀌었습니다. 안 바뀐 것이 없습니다. 생활 패턴, 가치관, 일상, 성도들의 신앙의 형태 등 모든 것이 바뀌었습니다. 생태계 자체가 변화되었습니다. 밑에 있던 것들이 위로 올라오고, 위에 있던 것들이 아래로 내려가는 등 모든 것이 뒤집어졌습니다. 너무너무 빠르

교회를 말하다

게 변화하고 있기에 그 변화를 감지할 즈음이면 또 다른 곳에서 변화가 진화하고 있습니다.

대부분의 사람들은 변화를 다 감지하지 못합니다. 왜냐하면 너무나 빠르게 변화하기 때문입니다. 자전거를 타면 속도를 느끼지만 비행기를 타면 속도를 못 느끼는 것과 같습니다. 속도가 너무 빠르면 못 느낍니다. 지금 이 시대가 그렇습니다.

그런데 시대는 급격하게 바뀌었는데, 그 시대에 반응하는 목회자들의 대응은 느리기만 합니다. 옛날 교회인 줄 알고 똑같이 목회를 하고 있습니다. 옛날 교인이 아닙니다. 극심한 의식의 변화가 찾아왔습니다. 목회자를 바라보는 태도도 완전히 바뀌었습니다. 급변하는 이 시대에 우리의 목회는 이전의 방식으로는 안 됩니다. 이제 전통적 모델의 목회에서 몇 가지를 재고하며 대안을 마련해야 합니다.

건물 중심의 전통적 교회

한국 교회는 건물에 목매어 살아왔습니다. 건물이 없으면 지금도 불안해합니다. 자기 것을 가져야 성공했다고 생각합니다. 교회는 건물이 아니라고 하면서도 교인도, 목회자도 교회는 건물이라고 생각합니다. 대부분 교회의 주보 앞면에는 그 교회의 건물이 있습니다. 아직 미완의 교회 건물도 있습니다. 지어질 교회가 꿈이자 목표인 것입니다. 그러나 교회는 건물이 아닙니다. 이에 대해서 단지 이론으로가 아니라 확신이 있어야 합니다. 이제는 사람들이 좋은 건물에 감동도 안 받습니다. 외형에 승부를 걸면 안 됩니다. 아무리 애써도 세상을 따라

갈 수는 없습니다. 우리가 세상을 흉내 낼 필요는 없습니다. 요즘은 건물 때문에 교회에 오는 사람이 없습니다.

주후 373년 이전에는 교회 건물이 없었습니다. 기독교가 공식화되기 전에는 가정에서 예배를 드렸습니다. 초대 교회는 건물이 없었습니다. 한국 교회는 건물을 짓고 어려움을 겪는 경우가 많습니다. 건물을 지을 때까지는 목표가 있어서 괜찮습니다. 건물을 짓고 나서 싸우는 경우가 많습니다. 왜냐하면 건물이 목표였기 때문입니다. 건물만 있어서 싸우기 시작하는 것입니다. 또한 건물을 짓는 데 너무나 많은 에너지를 썼습니다. 모든 것을 쏟아부었습니다.

만약에 한국 교회가 건물에 쏟았던 에너지를 사람에게 쏟았다면 어떠한 일이 일어났을까요? 사실은 건물을 완공한 순간부터 교회는 그 건물에 갇히게 되어 있습니다. 그 건물이 하나의 틀이기 때문입니다. 저는 건물무용론자는 아닙니다. 건물은 필요합니다. 다만 원론적인 것부터 생각해 보자는 것입니다.

호주에서 목회할 때에는 교회가 빠르게 성장했습니다. 호주에는 매각하는 교회가 많았기 때문에 교회를 매입하면 되었습니다. 비싸지도 않아 얼마든지 살 수도 있었으나 사지않았습니다. 매입하게 되면 교회가 그 건물에 갇힐 것 같았습니다. 교회는 계속 수축성, 융통성이 있어야 한다고 생각했습니다.

많은 이민 교회가 교회 건물을 사다가 사고가 나곤 합니다. 지금도 계속해서 일어나는 일입니다. 은혜를 받아서 건물을 지을 만한 상황이 충분히 조성되었다면 건물을 지어도 됩니다. 그러나 빚내고 융자

교회를 말하다

받고 모든 돈을 끌어모아 교회를 지으려고 하니까 교인이 돈으로 보입니다. 목회가 안됩니다. 순수한 목회를 하기가 어렵습니다. 사람에게 자꾸 의존하게 되고 패턴이 깨집니다. 교회의 개념 자체가 사람이 아니고 건물이 되는 것입니다. 건물이 아니라 사람이 변화되어야 하는데 말입니다.

그래서 저는 한국에 올 때까지도 건물 짓는 일을 서두르지 않았습니다. 하나님의 이끄심에 의지했습니다. 억지로 할 필요가 없습니다. 억지는 인간적 수단과 방법입니다. 우리는 하나님이 풀어 주실 때까지 기다릴 필요가 있습니다. 나중에는 하나님이 열어 주십니다. 그래서 하나님이 꽤 좋은 땅도 주시고, 건축 허가도 받게 하시고, 돈도 주셔서 교회를 지을 수 있도록 인도해 주셨습니다.

최초의 시드니 새순교회는 두 가정에서 예배를 드리다가 교인이 자꾸 늘어났습니다. 가정에서 예배드려도 사람이 모였습니다. 그 가정에 사람이 너무 모여 예배드릴 상황이 안 되니 하나님이 길을 열어 주셨습니다. 처음 호주에 갔을 때부터 하나님이 맺어 주신 친구가 300명 정도 들어가는 교회 공간을 빌려 주었습니다. 그 교회에서도 꽉 차니까 하나님이 가까운 학교 강당을 빌리게 해 주셨습니다. 더 모이니까 더 큰 학교 강당을 빌렸고, 더 모이니까 학교를 하나 더 빌려서 예배를 드렸습니다. 그러다 나중에는 총 4개의 캠퍼스에서 예배를 드리기로 했습니다. 공간 한 군데에 매여 있을 필요가 없다는 것을 느꼈습니다.

어떤 교회는 조그마한 건물 하나를 지어 버립니다. 그럼 그 건물에 매여 버리게 됩니다. 그런 건물은 팔기도 어렵고, 옮기기도 어렵습니다. 우리 교회는 건물 없이 지냈기에 그것이 큰 은혜였습니다. 한 군데에 갇혀 있지 않았습니다. 하나님의 역사에 언제든지 순종할 준비를 하고 있었습니다.

학교 강당은 여름 동안에 두 달 정도 큰 공사를 할 때가 있었습니다. 그러면 사람이 꽤 모인 상태에서 커뮤니티 홀이나 다른 학교 강당을 임시로 빌려 이동해야 했습니다. 밥도 먹고 교제를 해야 하는 상황에서 큰 트럭에 가득 의자와 교회 물건들을 싣고 이동한 후 세팅하는 일은 아주 큰 어려움이었습니다.

어떤 경우에는 장소가 너무나 없어서 매주 옮겨야 할 때도 있었습니다. 그나마도 계약이 잘 안 되어 그다음 주 예배 장소가 정해지지 않는 경우도 있었습니다. 이런 경우에는 주일 성수를 해야만 예배 장소를 알 수 있었습니다. 주일 성수를 하지 않으면 교회가 어디로 가는지 모르는 경우가 발생했습니다. 신기한 것은 그래도 등록 신자가 있었습니다. 교회는 건물에 한정되는 것이 아니라는 것을 입증해 주었습니다. 하나님은 하나님의 백성을 임의로 보내실 때 장소에 구애받지 않으십니다. 마치 시골 어느 골짜기 유명한 맛집에도 사람들이 찾아가는 것과 같습니다.

건물은 필요합니다. 그런데 중요한 것은 건물보다 건물의 내용입니다. 그릇보다 내용이 중요한 것입니다. 그릇에 무엇을 담느냐입니다. 비록 겉모양은 보잘것없더라도 그릇에 보석을 담으면 보석 그릇이고 물을 담으면 물그릇인 것처럼, 내용이 중요합니다. 내용이 용도를 결정하는 것처럼 교회도 그렇습니다. '그 건물에 무엇을 담을 것인가?'가 관건입니다.

그런데 한국 교회는 건물이 다 똑같습니다. 우리는 건물에 내용을 담는 일에 실패한 것입니다. 내용이 없는 형식은 의미가 없습니다. 그릇이 없으면 물을 담을 수 없는 것처럼, 그릇은 중요합니다. 형식은 필요합니다. 그러나 그 내용을 무엇으로 채울 것인가가 중요합니다. 결국은 하드웨어가 아니고 소프트웨어입니다. 지금은 소프트웨어의 싸움입니다. 우리 교회 건물이 있느냐, 없느냐의 싸움이 아닙니다. '목회자 안에 어떤 교회의 모델이 자리 잡고 있느냐? 어떤 목회 철학이 정립되어 있는가? 어떤 교회론이 세워져 있느냐?'의 싸움입니다. 지금은 교회가 내용을 가지고 싸우는 시대입니다. 내용 싸움에서 교회가 세상에 지고 있습니다. 내용이 없기 때문입니다.

오히려 옛날 교회가 내용이 있었습니다. 옛날에는 교회에 오면 얻을 것이 있고, 들을 것이 있어서 세상에서 사람들이 몰려왔습니다. 그러나 지금은 세상이 더 치유와 행복을 이야기합니다. 사랑도, 섬김도 그렇습니다. 세상이 다 가져간 것입니다. 과거에는 세상이 교회에 와서 배웠는데 지금은 오지 않습니다. 세상이 더 업그레이드해서 다 사용하기 때문입니다. 교회가 '세상을 위해서 무엇을 해야 할 것인가?'에 대해 확실한 답을 갖고 있지 않은 것입니다. 그러면 게토화됩니다. 우리만의 성역이 되고, 세상에 등을 돌린 우리들만의 천국이 되고 맙니다. 내용의 싸움입니다.

목회자들은 '우리 교회는 어떤 내용을 갖고 싸울 것인가? 이 시대 속에, 우리 도시 안에서, 우리 주민들에게 무엇을 가지고 다가갈 것인가? 또한 그 내용은 사람들이 필요로 하는 것인가?'를 고민해 봐야 할 것입니다. 이제는 건물로 승부를 낼 수 있는 시대가 아닙니다. 결국 교회는 사람입니다. 사람에 초점이 맞추어져 있어야 합니다. 사람에게 모든 것을 걸어야 합니다.

세상의 기업 또한 사람에게 초점이 맞추어져 있습니다. 상품을 만들어도 상품이 아니라, 상품을 사용할 사람에게 맞춥니다. 그 상품을 구매하는 소비자에게, 그 상품을 만들고 판매하는 직원들에게 초점을 맞춥니다. 사람입니다. 사람에게 가까워지고, 사람에게 친화적이고, 사람의 필요를 알아야 합니다.

숫자에 목매는 교회

건물이나 숫자는 외형을 강조하는 데에서 나옵니다. 목회에서 놓치지 말아야 할 점은 숫자는 허수입니다. 예수님이 사역을 하실 때도 마찬가지였습니다. 예수님은 수의 논리에 절대 빠지지 않으셨습니다. 군중이 아닌 12제자에게 모든 것을 거셨습니다.

결국은 건물 중심으로 가면 숫자를 채워야 합니다. 건물을 크게 짓고 나면 목회자는 부담을 갖게 되어 있습니다. 그 자리를 채우지 못한 목회자는 나가야 하기 때문입니다. 건물은 수의 논리에 빠져 있게 되어 있습니다. 수의 논리에 빠져 있으면 한 사람 철학을 붙들기 어렵습니다. 군중을 끌어모아야 됩니다. 그러면 목회자에게는 허영이 찾아옵니다. 정상적인 목양이 안 됩니다. 그러나 군중은 언제든지 썰물처럼 빠져나갈 수 있습니다.

교회를 말하다

수의 논리에 빠지게 되면 교인은 관리의 대상이지 목양의 대상이 아닙니다. 관리와 목양은 다릅니다. 수를 관리하는 것과 영혼을 돌보는 것은 전혀 다른 차원입니다. 수의 논리에서 빠져나와야 목양이 시작됩니다. 수는 정상적인 목회를 할 때 따라오는 것이지 수가 목표가 되어서는 안 됩니다. 통계에 신경을 쓰면 영혼이 보이지 않습니다. 예수님의 어린양 비유에 잘 나옵니다. 예수님은 잃어버린 한 마리 양을 위한 비효율적이고 비생산적인 일을 비유로 말씀하셨습니다. 99마리 양을 들에 두고 한 마리 양을 찾아내고야 마는, 그리고 그 찾은 양을 어깨에 메고 기쁘게 돌아오는 목자의 모습 말입니다.

수의 논리는 효율을 강조합니다. 최저의 대가 지불에 최고의 효과를 보려고 애를 씁니다. 결국은 성공한 목회는 몇 명인지를 따지게 합니다. 이 성공 논리는 방법론이 득세하게 하고, 방법론은 수의 논리에 빠지게 하고, 한 영혼의 가치에 집중하기 어렵게 만듭니다. 이처럼 건물 중심과 맞물려 있는 것이 수의 논리입니다.

결국 사람에게 집중한다는 것은 영혼에 집중한다는 것입니다. 목회자는 영혼에 집중해야 합니다. 한 사람, 한 사람의 영혼을 들여다볼 때 구원을 받았는가, 구원의 경험이 있는가를 살펴야 합니다. 구원의 경험이 없는데 성경 공부를 하면 안 됩니다. 근본적인 복음의 문제부터 다가가야 합니다. 그 사람에 맞게, 그 사람의 상태가 어떤지를 보는 눈이 있어야 합니다. 병이 들어 있는지, 아예 믿음이 없는지, 믿으려고 하는지, 은혜를 받았는지, 얼마나 은혜를 받았는지 등을 살펴보아야 합니다. 다리가 부러졌는지, 속병이 생겼는지, 소화를 못 시키는 것인지 확인해야 합니다. 몇 사람이 왔는지를 세는 것이 아니라, 양의 상태를 들여다보아야 합니다.

비스니스는 실적, 즉 결과가 중요합니다. 그러나 목회는 과정이 중요합니다. 결과는 우리의 손에 있지 않고 주님의 손에 달렸습니다. 수의 논리에 빠지면 빨리 채워야 한다는 조급한 마음에 화가 납니다. 그러다가 어느 순간 설교할 때 화를 냅니다. 자기 비즈니스에 협조하지 않는 성도들에게 화풀이를 하는 것입니다.

흔히 교회에서 "1년에 몇 명!"이라는 목표 달성 구호를 외치곤 합니다. 목표가 무조건 나쁜 것은 아니지만 위험요소가 있습니다. 한 영혼을 돌보는 목양은 지루하고 긴 전쟁입니다. 팔레스타인 지역에서 목자는 가장 별 볼 일 없고 어려운 직업입니다. 끝도 없는 들판에서 어렵게 목초지를 찾아내고, 양들에게 풀을 먹이고, 밤새워 맹수들과 싸우고, 잠도 못 이루며 항상 긴장하는 직업입니다. 목양이 그런 것입니다. 수가 많으면 목양을 제대로 하기 힘들어집니다.

누가 목양이 화려하다고 했습니까? 목회는 굉장히 궂은일입니다. 별별 사람이 다 있습니다. 그 영혼들을 만지고, 변화시키고, 그들이 그리스도의 사람이 되게 하는 데 대가 지불 없이 되겠습니까. 어렵습니다. 목회자는 진정한 목양을 해야 합니다.

제도 중심의 전통적 교회

한국 교회가 지금 가장 큰 어려움에 처한 문제가 제도 중심의 모델입니다. 조직이 제도화되었습니다. 예수님 시대의 종교 지도자들인

바리새인들, 사두개인들이 제도화된 종교 그룹들입니다. 그곳에는 생명력이 없습니다.

제도화란 말은 한마디로 낡은 부대를 가리킵니다. 제도화되면 낡은 부대의 분량 이상을 담을 수 없습니다. 프레임이 짜여져 있는 것입니다. 그러나 더 담으면 터져 버립니다. 반면, 새 부대는 신축성이 있고 융통성이 있습니다. 어떤 것이든 다 담아 버립니다. 경직되지 않습니다. 언제든지 새로운 것을 받아들일 수 있습니다.

제도화되면 새로운 것을 받아들이지 못합니다. 새로운 것에 대한 기대도 없고, 새로운 시도도 할 수 없습니다. 오히려 새로운 것을 하려는 사람을 죽이려고 합니다. 예수님은 이 제도화의 힘에 의해서 십자가에 죽으셨습니다. 제도화는 무서운 것입니다. 교회가 제도화되면 그 교회에는 더 이상의 역사가 일어나지 않습니다. 사도행전의 사건은 제도화된 틀 안의 것들을 성령이 터뜨리신 역사입니다. 요한복음 2장 가나 혼인 잔치 때 예수님은 유대 종교의 율례를 따라 손을 씻는 물 항아리에 담긴 물(제도화된 종교)로 포도주를 만드는 변화의 역사를 일으키셨습니다. 낡은 유대 종교의 한계와 예수님의 변화가 마주한 시간입니다. 어디든 조직이 오래되면 제도화 되고, 제도화 되면 기득권이 생겨나고 힘의 논리가 작동합니다.

대부분 오래된 교회에서 가장 크게 부딪히는 문제는 교회의 전통입니다. 제도화되어 경직된, 누구도 바꿀 수 없는 것들입니다. 그 안에서는 주도권 싸움이 첨예하게 일어납니다. 제도주의는 정말 무섭습니다. 관습의 힘 때문에 변화의 힘이 작동하지 않습니다.

한국 교회 안에서도 이런 성향이 심하게 나타납니다. 개척 교회를 하면서도 제도화의 틀을 갖고 시작합니다. 그래서 목회자들은 늘 자신의 기득권을 내려놓는 작업을 해야 합니다. 목회를 하면서 끊임없이 해야 하는 일은 교회가 경직되지 않도록 하는 것입니다. 기득권이 생겨나지 않도록 해야 합니다. 목회자는 끊임없이 자신의 특권을 최소화하는 작업을 해야 합니다. 자기에게 주어진 권한을 다 쓰면 안 됩니다. 사람은 힘을 쓰다 죽습니다. 힘이 없어서가 아니라 힘이 넘쳐서 죽습니다. 인간은 스스로 힘을 제어할 능력이 없습니다.

한국 교회를 보십시오. 한때는 찬란하게 영광을 누렸던 교회들이 사라지고 신흥 교회들이 뜨고 있습니다. 그 이유는 역사 속에 제도화되었기 때문입니다. 전통을 강조하고, 기득권이 주를 이루고, 어떤 변화도 용납하지 않는 구조는 이미 경직되어 죽어 버린 것입니다.

우리는 늘 교회를 새롭게 하는 노력을 해야 합니다. 이것이 개혁주의 정신입니다. 끊임없이 개혁해야 합니다. 인간이 모인 곳은 예외 없이 어디나 다 똑같습니다. 그래서 우리 안에는 늘 새로운 것을 추구하는 피가 흘러야 합니다. 끊임없이 변화를 시도해야 합니다. 안주하려고 하지 마십시오. 경직되지 마십시오. 경직되면 죽습니다. 노인들을 보면 점점 굳어져 가다가 죽습니다. 아이들을 보면 부드러워서 뒹굴면서 성장합니다.

교회는 유독 타이틀을 좋아합니다. 행사를 하면 무슨 타이틀이 그리 많은지 모릅니다. 이제는 타이틀을 내세우는 시대가 아닙니다. 지금은 교단의 방침이나 한국 교회의 전통이 있기에 직분제도를 바꿀

교회를 말하다

수는 없습니다. 그러나 직분을 단순히 교회 성장의 도구로 사용하면 안 됩니다. 이 시대에 필요한 기능적 사역들로 전환하고 그 기능적 사역들이 가능하도록 힘을 싣고, 구조를 재편할 필요가 있습니다. 직분을 무시할 수는 없지만, 기능이 없는 직분자들만 양산해 내면 그로써 교회가 전통화되고 힘들어집니다. 껍데기는 크지만 엔진이 작은 자동차처럼 구조적으로 어려움이 생깁니다.

지금 직분이나 제도가 낡아 있습니다. 유효하지 않은 기능들을 살려서 직분자들만 늘려 나가는 것은 전통에 갇힌 것이며 이제는 싸움을 해서는 안 됩니다. 불필요한 일에 시간과 돈을 낭비하고 싶어 하는 사람은 아무도 없습니다.

이제는 직분자를 뽑을 때 신중해야 합니다. 사람을 잘못 뽑으면 교회도 개인도 유익이 없습니다. 교회가 사람이 적으면 사람에게 욕심을 낼 수 있습니다. 교회 규모가 작아도 목회자가 자존심을 갖고 사람들을 훈련하고 세워야 합니다. 진짜 일꾼에게 직분을 맡겨야 합니다.

프로그램 중심의 전통적 교회

한국 교회는 모든 프로그램을 다 끌어다가 사용했습니다. 너무나 많은 프로그램을 돌린 것입니다. 프로그램은 프로그램입니다. 프로그램을 돌리면 목회가 되는 줄 압니다. '어떤 프로그램을 우리 교회에 돌릴 것인가?'에 관심이 많습니다. 그래서 세미나가 주를 이룹니다. 전부 다 방법론입니다. 프로그램이 있다고 해서 우리 교회에 다 필요한 것이 아니고 다 유용한 것도 아닙니다. 또 한다고 되는 것도 아닙니다. 프로그램은 사람을 바쁘게 합니다. 목회자를 분주하게 합니다. 요즘에는 한국 교회에 세미나가 거의 없어졌습니다. 방법론이 안 통한나는 결론이 난 것입니다.

프로그램의 위험성은 획일화입니다. 사람이 다 다른데 프로그램 안으로 일괄적으로 집어넣는 것은 문제가 있습니다. 철학이 동반되지 않은 방법론은 오래 못 갑니다. 목회자는 자신이 배운 세미나의 내용이 바닥을 보이면 다른 세미나를 기웃거립니다. 방법론을 좇다 보면 또 다른 방법론을 찾아야 합니다. 결국은 유효기간이 끝납니다. 좋으면 다 하려고 하는 너무나 바쁜 방법론입니다. 목회자도, 성도들도 기도할 시간 없이 너무나 바쁩니다. 내 안에 철학이 있어야 합니다. 자기의 것을 찾아가는 것입니다. '어느 프로그램이냐'가 아니라, '누가 그 프로그램을 끌어가는가'의 싸움입니다.

프로그램 중심은 결국은 방법론입니다. 방법론을 좇아가면 안 됩니다. 철학의 싸움입니다. 철학은 하루아침에 만들어지는 것이 아닙니다. 앞에서도 언급했지만, 한 사람에게 초점이 맞추어진 철학이 아니면 안 됩니다. 한국 교회는 피로 증후군에 빠져 있습니다. 목회자들이 프로그램을 너무 많이 돌려서 성도들이 피로해 있습니다. 프로그램을 돌리면 사람이 바뀌는 줄 아는데, 안 바뀝니다. 사도행전 초대 교회에 프로그램이 있었습니까? 아무것도 없었습니다. 매뉴얼이 있었습니까? 없었습니다. 누가 하느냐입니다. '무엇을'이 아니고 '누가'입니다.

프로젝트 중심적 교회는 행사 중심의 교회입니다. 전통적 교회들은 거의 그랬습니다. 목회자는 기획자이고 비즈니스맨이었습니다. 목양 중심적 기획을 해야 하는데 행사 중심으로 기획했습니다. 이제는 사람들이 행사에 오라고 해도 오지 않습니다. 많이 속았기 때문입니다. 세상 사람들은 웬만하면 몇 번씩은 교회에 와 보았습니다. 이제는 세상에 좋은 것들이 너무 많아졌습니다. 예전에는 심심하면 교회에 왔지만 지금 이 시대는 재미있는 것이 너무나 많아 심심할 일이 없습니다. 그래서 이제는 프로젝트 중심으로 해서는 안 된다는 것입니다.

사람들을 동원하고 오라 가라 하기보다, 정신, 동기, 이유, 의미, 내용 등을 심각하게 들여다보아야 합니다. 행사에 지친 사람들이 너무 많습니다. 무엇을 하든 동기 부여를 할 때 사람들에게 감동을 주어야 합니다. 사람들은 감동을 원합니다. 프로젝트를 통해 보여 주려는 확실한 목표가 있어야 하고, 또한 그 목표의 핵심은 사람이어야 하며, 그 사람의 영혼이어야 합니다. '사람들을 얼마나 변화시키며, 얼마나 성숙시키는 역할을 할 것인지'가 중요합니다. '영적 훈련이라는 목표를 갖고 있는가?'라는 고민이 수반되어야 합니다.

Chapter 2

교회의 본질을
찾으라

이 시대의 교회가 위기에 처해 있다는 말을 많이 듣습니다. 교회들이 현상 유지를 못하고 있습니다. 성장은 멈춘 지 오래며, 도리어 퇴보하고 있습니다. 자조 섞인 패배주의적 고백이 만연해졌습니다. 우리는 1장에서 그 이유와 현실에 대해 실제적으로 진단해 보았습니다.

오늘날은 교회의 테크닉이나 프로그램이 통하는 시대가 아닙니다. 각자가 가지고 있는 가장 기본적이고 본질적인 부분을 붙잡고 치열하게 고민하고, 그 분야에서 시원하게 답을 찾는 경험이 있어야 합니다. 이제는 본질의 싸움, 철학의 싸움입니다. 따라서 이 장에서는 에베소서에 근거한 교회론과 목회적 관점에서 본 교회에 대해 살펴보려고 합니다. 에베소서는 바울 신학의 절정이며 교회론을 세우는 데 매우 중요한 책입니다.

왜 에베소서인가?

오늘날 우리 눈에 비치는 교회는 성경이 말하는 교회와 거리가 멉니다. 아마 세상이 교회를 바라보는 시선도 마찬가지일 것입니다. 주님이 말씀하시던 교회가 아닌 것입니다. 세상의 질타나 비난은 둘째 치고 우리 안에서 우리가 교회를 바라볼 때에도 교회가 부실합니다. 주님이 의도하셨던 교회에서 많이 벗어나 있습니다. 그렇다면 인간이 창안한 것이 아니고, 하나님의 계획 속에서 하나님이 의도하신 교회란 무엇인가를 알 필요가 있습니다. 우리는 그 내용을 에베소서에서 볼 수 있습니다.

에베소서는 '서신 중에 왕관'이요, '바울 신학의 클라이맥스'라고 불립니다. 바울 서신 중에서 가장 정점에 위치한 책이 에베소서입니다. 어떤 사람은 에베소서를 가리켜 '성경 중에 그랜드캐니언'이라고 말하기도 하고, '끝도 없이 펼쳐지는 대장관이 에베소서에 있다'고도 표현했습니다. 이처럼 우리는 에베소서를 통해서 세상 어디에서도 마주칠 수 없는 복음의 진수를, 하나님이 지상에 허락하신 그리스도의 몸의 신비를 알 수 있습니다. 바울은 에베소서에서 교회에 대한 환상적인 그림을 보여 주고 있는 것입니다. 에베소서는 어느 한 단어, 어느 한 대목도, 어느 한 구절도 놓칠 수 없을 만큼 비경으로 꽉 차 있는 책이라고 볼 수 있습니다.

우리의 왜곡된 교회관은 신앙에 방황을 가져옵니다. 사실 목회자들이 교회론에 대한 정리가 안 되어 있으면 성도들은 말할 것도 없이 교회를 모른 채 교회를 다니게 됩니다. 이것이 오늘날 우리가 겪는 혼란입니다. 우리는 "교회란 도대체 어떤 곳인가?"를 묻고 또 물어야 합니다. 그런 의미에서 에베소서는 성경적 교회의 원형을 발견하는 데 더없이 좋은 책입니다.

하나님이 그리스도의 몸으로, 제2의 성육신으로서의 교회를 우리에게 남겨 주셨습니다. 즉 우리는 교회를 통해서 그리스도를 경험할 수 있습니다. 교회 안에서 그리스도를 경험하고, 그리스도의 몸의 신비를 경험하면서 그리스도를 닮아 가며, 그리스도의 생명에 접속된 생명력을 얻고 자라 가는 것입니다.

교회론은 하나의 설계도와 같습니다. 도면 없이 집을 지으면 엉망이 됩니다. 정확한 도면을 가지고 교회를 세워 가야 합니다. 우리의 전

교회를 말하다

통이나 주장, 생각으로 교회를 만들어서는 안 됩니다. 목회자가 섬겼던 사역지나 선배 목회자, 사역 경력을 쌓으면서 정립된 생각 등이 영향을 줄 수는 있겠지만 교회론의 성경적 모델은 성경으로부터 나와야 합니다. 이런 부분에서 우리는 에베소서를 더 정밀하게 들여다볼 필요가 있습니다.

삼위일체가 세우신 교회
교회를 무엇이라고 말하는지 에베소서 1장부터 살펴봅시다.

거룩하게 선택된 공동체
곧 창세전에 그리스도 안에서 우리를 택하사 우리로 사랑 안에서 그 앞에 거룩하고 흠이 없게 하시려고 그 기쁘신 뜻대로 우리를 예정하사 예수 그리스도로 말미암아 자기의 아들들이 되게 하셨으니 엡 1:4-5

"창세전에 그리스도 안에서 우리를 택하사"라는 말씀은 교회의 출발, 교회의 근원이 창세전에 있음을 의미합니다. 이미 창조의 계획 속에 교회가 있었다는 뜻입니다. 교회는 2000년 전 어느 날 갑자기 만들어진 것이 아니라 하나님이 영원 전부터 계획하신 것입니다. 또한 "거룩하고 흠이 없게 하시려고 그 기쁘신 뜻대로 우리를 예정하사 예수 그리스도로 말미암아 자기의 아들들이 되게 하셨으니"라는 말씀은 '교회는 하나님의 비밀의 경륜 속에서 이루어진 구원 공동체'라는 뜻입니다. 즉 교회는 하나님이 영원 전부터 계획하신 것이고, 하나님의 기쁘신 뜻 가운데서 이루어진 공동체입니다. 하나님은 교회를 거룩하고, 흠이 없고, 구별된 공동체로 세우셨습니다.

그리스도의 피로 구속받은 공동체

우리는 그리스도 안에서 그의 은혜의 풍성함을 따라 그의 피로 말미암아 속량 곧 죄 사함을 받았느니라 엡 1:7

교회가 얼마나 귀중한가에 대한 우리의 인식이 바로 정립되어야 합니다. 교회는 그냥 세워진 것이 아니며, 교회를 세우기 위해 하나님이 지불하신 대가가 매우 컸다는 사실을 기억해야 합니다. 하나님은 그리스도의 피로 말미암아 우리를 구원하시고 교회를 세우셨습니다. 하나님은 교회에 지대한 관심을 가지고 계시며, 교회는 하나님의 경륜과 비밀 속에서 만들어졌습니다.

여기서 '오직 그리스도의 피로 구원을 받도록 하셨다'는 사실은 매우 중요합니다. 구원은 종교적인 노력이나 인간의 힘으로 이루어질 수 있는 것이 아니고, '그의 은혜의 풍성함을 따라', 즉 하나님의 은혜의 작용에 의해서 구원의 사건이 일어나고, 우리를 구원해 내시는 하나님의 은혜로 주어진 구원이라는 것입니다. 결국 교회의 중심에 그리스도의 피가 놓여 있어야 한다는 의미입니다.

건강한 교회의 특징 중 하나가 복음이 강하다는 것인데, 그 이유가 여기에 있습니다. 교회 안에서 복음이 선명하게 선포되어야 하고, 교회는 복음을 드러내는 일을 해야 합니다. 교회는 그리스도의 피로 세워졌기에 모든 사역의 초점을 그리스도의 피로 우리를 구원하신 하나님의 은혜의 풍성함을 드러내는 일에 맞추어야 합니다. 교회는 무슨 일을 하든 그 가운데 복음이 있어야 합니다. 그리스도의 피가 있어야 합니다.

성령으로 인 치심을 받은 공동체

그 안에서 너희도 진리의 말씀 곧 너희의 구원의 복음을 듣고 그 안에서 또한 믿어 약속의 성령으로 인 치심을 받았으니 이는 우리 기업의 보증이 되사 그 얻으신 것을 속량하시고 그의 영광을 찬송하게 하려 하심이라 엡 1:13-14

'인 치다'라는 말은 '보증하다'라는 뜻입니다. 성령의 보증은 매우 중요합니다. 구원의 사역에 있어서 가장 중요한 것은 성령의 역사이며, 성령의 역사가 절대적입니다. 우리는 '성령' 하면 먼저 은사를 떠올리곤 하는데, 성령과 관련해 가장 중요한 것은 구원 사건임을 기억해야 합니다. 성령이 하시는 일은 구원입니다. 믿음을 주고, 회개를 일으키고, 변화를 가져오는 모든 일은 성령이 하시는 것입니다. 신약 공동체에게 가장 중요한 것은 성령입니다. 따라서 성령의 역동성이 교회 안에 살아 있는지, 전적으로 성령께 의존하는 태도를 보이는지가 중요합니다.

성령의 인 치심이 있어야 결국은 구원의 사건이 일어나는 것이고, 또 교회가 됩니다. "교회 안에 구원 사건이 일어나고 있는가?"라는 질문은 개인뿐만이 아니라 교회에게도 굉장히 중요합니다. 한 사람이 믿음을 갖게 되는 일은 힘으로도 안 되고 능으로도 안 됩니다. 화려한 언변이나 잘 짜여진 신앙 강좌로도 불가능합니다. 회개가 일어난다든가, 믿음을 가지게 된다든가 하는 변화가 뚜렷하게 일어나는 일은 전적인 성령의 영역이기 때문입니다. 성령이 만지셔야 합니다. 변화는 성령이 하십니다.

그래서 에베소서 1장 서두에서 바울은 성부와 성자와 성령의 사역을 먼저 언급합니다. 성부 하나님의 창세전의 택정하심, 그리스도의 피 흘리심, 구속 사건과 성령의 인 치시는 사건이 그것입니다. 사실 삼위일체 하나님의 사역을 충분히 인식하고 인정해 드리고 성부, 성자, 성령의 사역이 왕성하게 일어나기만 하면 놀라운 일이 나타날 수밖에 없습니다. 우리 머릿속에 개념화되어 있는 언어를 삶의 한복판에 풀어 놓는다고 생각해 봅시다. 상상도 못할 일이 일어날 것입니다. 우리는 대단한 파괴력을 가진 폭탄과도 같은 언어의 실체를 알지 못하고 소홀히 여긴 채 살아가고 있습니다. 성령의 권능(dynamite, 두나미스)은 이처럼 폭발적인 위력을 보여 줍니다.

교회도 마찬가지로 그 잠재력이 지대합니다. 교회는 마치 여느 기업을 세우듯 어쩌다 만들어졌다가 어느새 사라지는 값싼 존재가 아닙니다. 하나님의 교회는 하나님의 거대한 경륜 속에서 세워졌고, 우리는 지금 그 안에 들어와 있습니다. 교회는 하나님의 아들의 피 흘림이라는 엄청난 대가를 지불하고 세워진 존재이며, 성령의 끊임없는 인 치심이 역사하고 있는 곳입니다. 이 사실이 우리 안에서 경험되어야만 합니다.

교회를 말하다

예배하는 공동체

에베소서 1장 6절은 하나님과 관련해 찬송하고, 12절은 성자와 관련해 찬송하고, 14절은 성령과 관련해 찬송합니다. 구원의 역사가 있는 곳에 반드시 따라오는 것이 바로 예배입니다. 바울은 계속해서 주체할 수 없는 감격을 표현하는데, 그것이 바로 예배입니다. "시와 찬송과 신령한 노래들로 서로 화답하며 너희의 마음으로 주께 노래하며 찬송하며"(엡 5:19)라는 말씀도 예배와 관련되어 있습니다. 결국 구원받은 공동체의 표현은 예배로 나타나야 한다는 것입니다.

예배란 무엇입니까? 하나님이 하나님 되심을 아는 것입니다. 하나님이 행하신 일이 무엇인지와 하나님이 누구신지를 아는 것이 예배입니다. 목회자가 성경을 공부하고 사람들에게 하나님의 말씀을 전하는 이유 중 하나는 하나님이 누구신지를 알게 하려는 것입니다. 하나님이 누구신지에 대한 이해가 높아질수록 예배는 더 깊어집니다. 하나님을 모르면 예배자가 될 수 없습니다. 그리고 결국은 구원의 감격과 기쁨으로 살아 있는 예배를 드리고 성부와 성자와 성령이 누구신지를 분명히 아는 사람이 하나님께 예배를 드릴 수 있습니다.

예배는 살아 있는 하나님을 인격적으로 대하는, 영과 영의 만남이 일어나는 것으로서, 교회의 매우 중요한 요소입니다. 제자 훈련과 예배는 굉장히 연관이 깊습니다. 제자 훈련의 궁극적인 목표는 최상의 예배자가 되게 하는 것입니다. 예배가 교회의 목표요, 교회의 존재 이유이고, 하나님이 우리를 창조하시고 변화시키신 목적입니다.

예배가 죽으면 교회가 죽습니다. 주일에 드리는 공적인 예배는 매우 중요합니다. 다른 사역이 다 잘 이루어져도 공예배가 살지 않으면 다른 사역 역시 살 수 없습니다. 물론 상호 작용을 하겠지만 예배가 그 중심부에 있는 것입니다. 그런 관점에서 '나에게 참된 예배의 경험이 있는가?' 자문해 볼 필요가 있습니다.

목마름이 누구에게 있습니까? 목마름이라는 것은 굉장히 강렬하기에 목마름을 경험한 사람만이 목이 마릅니다. 목이 마르지 않다는 것은 목마름을 경험해 보지 못했다는 뜻입니다. 경험해 보지 않으면 목마르지도 않고, 해결할 방법도 찾지 않습니다. 요한복음 4장의 수가성 사마리아 여인에게는 인생에 대한, 예배에 대한 굉장한 목마름이 있었습니다. 결국 그녀의 목마름은 예수님을 만나 해갈되었습니다.

하나님의 임재 가운데 들어가고, 하나님 앞에 서서 경외심에 압도되어 떠는 성령 충만을 경험하고, 하나님 앞에 무릎 꿇는 참된 예배가 있습니까? 어떤 면에서 그리스도인들은 예배만 잘 드리면 됩니다. 아무나 예배를 드릴 수 있는 것이 아닙니다. 구원받은 백성들만이 예배를 드릴 수 있습니다.

특히 목회자들은 최근 자신이 어떤 예배를 드렸고 그 예배의 경험이 어떤 것이었는지 점검해야 합니다. 그래야 나중에 자신이 예배를 경험한 데까지 성도들을 데려갈 수 있습니다. 예배뿐만이 아닙니다. 모든 영역에 있어서 자신이 경험하고 깨닫고 본 세계까지만 성도들을 데려갈 수 있습니다. 그래서 목회자 자신의 상태가 굉장히 중요한 것입니다. 누가 뭐라고 해도 내가 서 있는 그곳 이상은 넘을 수 없습니다.

많은 목회 현장을 가 보면 목회자는 못 보는데 평신도들은 보고 있는 영역이 있습니다. 목회자 자신은 무엇이 문제인지 모릅니다. 코르크 마개가 되어 문제를 꽉 누르고 있는 것입니다. 교회의 가장 큰 문제는 안타깝게도 목회자에게 있습니다.

말씀 위에 세워진 또 하나의 가족
에베소서 2장에서는 교회를 무엇이라 말하고 있습니까?

새로운 공동체
그는 허물과 죄로 죽었던 너희를 살리셨도다 그때에 너희는 그 가운데서 행하여 이 세상 풍조를 따르고 공중의 권세 잡은 자를 따랐으니 곧 지금 불순종의 아들들 가운데서 역사하는 영이라 전에는 우리도 다 그 가운데서 우리 육체의 욕심을 따라 지내며 육체와 마음의 원하는 것을 하여 다른 이들과 같이 본질상 진노의 자녀이었더니 엡 2:1-3

옛 사람이 새롭게 태어나 새로운 사람이 되었습니다. 과거의 모습과 전혀 다른 신분으로 하나님이 불러내셨습니다. 이 말씀은 육체의 욕심을 따라 자기가 원하는 대로 살았던 과거의 모습을 잘 비춰 줍니다. 통틀어 표현하면, 과거의 나는 '본질상 진노의 자녀'라서 하나님의 진노 아래 있을 수밖에 없었으나 이제는 그 모습을 완전히 벗게 되었다는 것입니다. 근본적인 변화가 일어난 것입니다. 물론 이 일은 서서히 일어납니다.

여기서 매우 중요한 것은 교회가 이전의 모습과 전혀 다른 모습으로 탈바꿈한 새로운 공동체라는 것입니다. 그런 관점에서 교회는 끊임없이 변화해 가는 공동체입니다. 만약 변화가 일어나지 않는다면 교회는 세상과 동일한 모습으로 살아가게 됩니다.

오늘 우리의 가장 큰 관심 중 하나는 세속 사회의 연장선상에 교회가 있다는 점입니다. 세속화가 급속하게 진행되면서 '가나안 교인'이 나타나고 그 수의 증가가 가속화하고 있습니다. 아주 독특한 변화가 아주 급하게 진행 중입니다. 교회 안에서 세속 사회의 징후가 뚜렷하게 드러나고, 절대적 진리에 대한 인정이 아니라 상대적 진리가 득세하면서 개인의 목소리가 강해지는 현상이 동일하게 일어나고 있습니다. 이제는 세상이 교회를 본받는 것이 아니라 교회가 세상을 따라갑니다. 이후로 세속화 현상은 더욱 강해질 것이고 교회를 떠나는 사람들은 더 많아질 것입니다.

세속화의 핵심이 무엇입니까? 결국은 하나님과 인간의 관계에 문제가 생기는 것입니다. 그러니까 속수무책으로 세상의 모습으로 다시 돌아갑니다. '공중의 권세 잡은 자'에서 '공중'은 세상을 말합니다. 공중의 권세 잡은 자가 세상의 모든 영역을 통치하고 있다는 뜻입니다. 그 안에는 물질주의가 존재하고, 죄악의 영향력이 더 커져 가고 있습니다. 악이 보편적인 세상에 우리가 살아가고 있는 것입니다. 이 세상은 오염되었고 그 영향력 안으로 우리는 들어가고 있습니다.

목회는 사람들이 죄악에서 빠져나오도록 이끌어 주는 사역인데 도리어 그 안에 함께 들어가 침몰하고 있는 형국입니다. 결국 세속화의 문제나 교회 약화 현상은 우리 안에서 그 요인을 찾을 수 있습니다. 우리가 점점 더 성화되어 가야 하는데 그렇지 못한 까닭입니다. 이 영적 전쟁에서 이기지 못하면 세속화라고 하는 거대한 암초에 걸려 파선하고 맙니다. 그래서 바울은 이전에 우리의 모습이 어떠했고, 이제는 어떤 모습인지와, 앞으로 우리가 어디로 가야 할 것인가에 대해 가르쳐 주고 있습니다.

확대된 가족

그러므로 이제부터 너희는 외인도 아니요 나그네도 아니요 오직 성도들과 동일한 시민이요 하나님의 권속이라 엡 2:19

'권속'이라는 말은 '가족', '식구'라는 표현으로서, 바울의 교회 개념 가운데 하나입니다. 함께 식탁에서 밥을 나누는 밥상 공동체라는 뜻입니다. 여기서 바울은 공동체를 교회의 본질로 가져옵니다. 집단적인 공동체이기보다는 친밀감을 나누는 가족으로서의 공동체 개념입니다. 사실 초대 교회에 바울이 세웠던 교회들은 다 가정에서 시작되었습니다. 가족처럼 서로 친밀함을 나누고 함께하는 곳이 교회입니다.

사도들의 터 위에 세운 교회

너희는 사도들과 선지자들의 터 위에 세우심을 입은 자라 그리스도 예수께서 친히 모퉁잇돌이 되셨느니라 엡 2:20

교회가 어디에 세워져 있습니까? 교회는 사도들과 선지자들의 터 위에 세워졌습니다. '사도들과 선지자들의 터'란 사도들과 선지자들이 전한 말씀이며, 그 말씀의 터 위에 교회가 세워져 있다는 것입니다. 한마디로, 교회는 말씀의 터 위에 서야 한다는 것입니다.

우리가 끝까지 붙잡아야 하는 것은 말씀입니다. 말씀의 약화가 교회를 흔들어 놓습니다. 말씀이 약하면 교회는 물론 천하 모든 것이 흔들립니다. 우리는 말씀의 터 위에 서 있어야 합니다. 그동안의 교회 역사를 가만히 반추해 보면 성장하는 가운데 가장 심각하게 놓쳤던 부분은 결국 말씀이었습니다. 신학적으로 검증되지 않고 말씀에 기초하지 않은 여러 은사주의 운동들을 비롯해 다양한 트렌드들이 일어났는데 전부 다 방법론을 도입한 경우입니다. 방법론의 목표는 성장입니다. 결국 그 방법들이 어려움을 초래했습니다.

교회는 말씀으로 다스리는 일을 해야 합니다. 바울은 "잘 다스리는 장로들은 배나 존경할 자로 알되 말씀과 가르침에 수고하는 이들에게는 더욱 그리할 것이니라"(딤전 5:17)라고 말했습니다. 가르치는 일은 목회자에게 굉장히 중요한 역할입니다. 어쩌면 목회는 가르치는 일입니다. 목회자는 설교 사역(preaching), 가르치는 사역(teaching), 치유 사역(healing)을 해야 하는데, 가르치는 역할이 설교 사역 못지않게 매우 중요합니다. 가르치는 능력은 귀에 쏙쏙 들어가게, 정확하게 잘 알아듣고 이해하게 알려 주는 것입니다. 교회는 말씀의 터 위에 세워져야 하기 때문입니다.

말씀의 터가 견고해야 합니다. 터가 흔들리면 끝납니다. 말씀의 터는 다른 것과 바꿀 수 없습니다. 그러므로 목회자는 설교는 물론이고

교회를 말하다

말씀을 잘 가르쳐야 합니다. 어느 것 하나도 놓쳐서는 안 됩니다.

함께 지어져 가는 교회

그의 안에서 건물마다 서로 연결하여 주 안에서 성전이 되어 가고 너희도 성령 안에서 하나님이 거하실 처소가 되기 위하여 그리스도 예수 안에서 함께 지어져 가느니라 엡 2:21-22

교회는 서로 연결하여 함께 지어져 갑니다. 교회의 구성 요소는 함께 지어져 가며, 홀로는 존재할 수 없습니다. 교회는 함께 부름을 받았고, 함께 자라 갑니다. 이것이 교회의 속성입니다.

개인의 신앙은 공동체 안에 함께함으로 함께 성숙해져 가는 것이지 홀로는 불가능합니다. 그래서 공동체 의식은 교회의 목회 영역에서 끊임없이 가져야 될 부분입니다. 카리스마 있는 한 사람의 지도자가 영웅주의로 끌어가는 교회나 소수에 의해 움직이는 교회는 오래가지 못합니다. 교회는 우리의 몸과 같이 함께 지어져 간다는 사실을 기억해야 합니다. 그러므로 고민해야 할 부분은 '어떻게 하면 모든 성도가 동일하게 엮여 함께 자라 가게 만들 것인가'가 되어야 합니다.

하나 되어 함께 성장하는 공동체

에베소서 3-4장에서 교회는 어떤 곳이라고 말합니까?

비밀을 드러내는 곳

곧 계시로 내게 비밀을 알게 하신 것은 내가 먼저 간단히 기록함과 같으니 엡 3:3

계시란 감추어진 비밀이 드러나는 것을 의미합니다. 뚜껑을 여는 것입니다. 하나님은 우리에게 계시를 주셨습니다. 교회의 역할이자 그리스도인인 우리의 사명은 하나님이 주신 계시를 다른 사람들에게 드러내는 것입니다. 이것은 결국 전도를 의미합니다. 전도란 그리스도의 비밀을 알려 주는 것입니다. 단순히 개인적으로 전도를 열심히 하라는 의미이가 아닙니다. 전도는 궁극적으로 교회가 존재하는 이유이며 교회가 마땅히 해야 할 역할입니다. 교회의 존재 이유 자체가 하나님의 비밀이신 그리스도를 드러내는 사명을 감당하기 위함이기 때문입니다. 그런 관점에서 교회가 가장 강력한 전도지입니다. 전도지를 아무리 많이 뿌려도 교회의 이미지가 나쁘면 그 전도지는 다 짓밟힐 뿐 아무 소용이 없습니다.

일부러 이미지 메이킹을 할 필요는 없지만, 교회의 이미지는 굉장히 중요하다는 사실을 알아야 합니다. 대형 교회가 사고를 한 번 치면 수없이 많은 사람이 전도의 문을 닫아 버리고 맙니다. 교회가 교회다워지는 것이야말로 최고의 전도입니다. 전도지를 나누는 것보다 더 중요한 것은 교회가 교회의 본질을 찾고 세상의 빛과 소금의 역할을 감당하는 것입니다. 사실 그것 자체가 전도입니다. 그리스도가 누구신가를 교회가 알리는 것이기 때문입니다. 교회의 역할은 그리스도를 드러내는 일이고 그리스도가 누구신지를 밝히는 것입니다. 그런 관점에서 우리의 최대 관심사는 '교회가 이 시대에 실추된 명예를 어떻게 회복해야 할 것인가'입니다.

그리스도의 몸으로서 하나 되는 공동체

몸이 하나요 성령도 한 분이시니 이와 같이 너희가 부르심의 한 소망 안에서 부르심을 받았느니라 주도 한 분이시요 믿음도 하나요 세례도 하나요 하나님도 한 분이시니 곧 만유의 아버지시라 만유 위에 계시고 만유를 통일하시고 만유 가운데 계시도다 엡 4:4-6

바울은 에베소서에서 몸으로서의 교회를 줄곧 이야기합니다. 이는 곧 교회는 기계나 물건, 건물, 기관, 조직이 아니라 생명 공동체로서 성령이 거하시는 처소라는 의미입니다. 성전은 우리 자신이며, 성령이 우리 안에 거하십니다.

바울은 교회를 우리가 이해하기 쉽도록 유기체로 설명합니다. 몸에 비유하면 하나 됨이라는 개념이 매우 분명해집니다. 몸은 각기 기능하지만 머리부터 발끝까지 모든 기관이 분열되지 않고 몸 안에 있지 않습니까. 이처럼 교회 역시 분열되면 교회의 정체성을 잃어버리는 것입니다. 하나 됨은 교회의 본질이므로 교회는 그리스도의 몸으로서 하나 됨을 지켜 나가야 합니다.

따라서 바울은 "그러므로 주 안에서 갇힌 내가 너희를 권하노니 너희가 부르심을 받은 일에 합당하게 행하여 모든 겸손과 온유로 하고 오래 참음으로 사랑 가운데서 서로 용납하고 평안의 매는 줄로 성령이 하나 되게 하신 것을 힘써 지키라"(엡 4:1-3)라고 말했습니다. 우리가 하나 될 수밖에 없는 이유를 설명한 것입니다. 교회의 교회 됨은 하나 됨입니다.

교회 공동체가 하나 되는 일은 매우 어렵습니다. 희한하게 복병이 있어서 눈에 보이지 않게 갈등을 일으킵니다. 분열의 양상입니다. 마귀가 하는 일은 분열입니다. 분열만 되면 마귀는 더 이상 할 일이 없습니다. 자중지란을 일으키는 것입니다.

하나님의 공동체 안에 영적인 열기, 은혜가 떨어지면 분열은 금방 찾아옵니다. 한번 어려워지기 시작하면 서로 야단법석이고 꿈에도 생각할 수 없던 일들이 교회 안에서 벌어집니다. 은혜가 떨어지면 교회에 별일이 다 일어납니다. 사역할 때도 가장 힘든 문제가 분열입니다. 분열하면 아무것도 할 수 없습니다.

손가락 하나만 해도 몸에 붙어 있어야 손가락이지, 떨어지면 손가락이 아니라 비극입니다. 119에 빨리 신고해야 합니다. 이 세상을 들여다보십시오. 세상의 비극은 한마디로 분열입니다. 세상이 할 수 없는 일이 있는데, 그것은 바로 하나 됨입니다. 끊임없이 싸우는 것입니다. 상처도, 폭력도 전부 다 분열에서 온 것이지 않습니까. 세상이 얼마나 나누어져 있는지 모릅니다. 마귀가 하는 일입니다.

그러니까 교회가 세상에 보여 줄 수 있는 것은 바로 그리스도의 몸으로 하나 됨입니다. 즉 교회가 그리스도의 몸으로서 하나 됨만 유지해 가면 세상을 향한 메시지가 될 수 있는 것입니다. 교회가 하나 됨을 이루어 가는 데는 온유, 겸손, 용납, 오래 참음 등 성품의 훈련이 동반

교회를 말하다

되어야 합니다. 목회에서 매우 중요한 훈련은 성품의 훈련입니다. 일을 이루어 내느냐의 문제가 아니라 성품을 훈련시켜야 합니다. 그 성품이 무엇입니까? 그리스도를 닮아 가는 것입니다. 성도들을 목양하는 목회의 목표가 무엇입니까? 그리스도의 성품을 닮아 가게 하는 것입니다. 그러기 위해서는 목회자 자신이 그리스도의 성품으로 다듬어져 가는 작업을 해야 합니다.

하나 됨을 위하여 필요한 겸손, 온유, 오래 참음 등 각각의 성품 하나하나가 얼마나 중요한지 모릅니다. 한 예로, 오래 참음이 얼마나 어렵습니까. 제직회 때 "참다 참다 못 참겠네!" 하면서 서류를 집어던지고 한바탕 소리를 지르면 끝난 것입니다. 분노해서 목회가 어려운 목회자들이 꽤 많습니다. 마귀가 하나 되지 못하도록 건드리는 것입니다.

하나 됨은 교회 연합의 문제이고, 교회가 연합될 때 가장 강력한 힘을 갖는다는 사실을 기억해야 합니다. 목회에 있어서 하나 됨을 유지하면 그때 비로소 부흥이 오고, 강력한 힘이 생깁니다. 하나 됨만 이루면 부흥합니다.

보이는 공동체

그가 어떤 사람은 사도로, 어떤 사람은 선지자로, 어떤 사람은 복음 전하는 자로, 어떤 사람은 목사와 교사로 삼으셨으니 이는 성도를 온전하게 하여 봉사의 일을 하게 하며 그리스도의 몸을 세우려 하심이라 엡 4:11-12

이 말씀은 사도, 선지자, 복음 전하는 자, 목사와 교사 등 조직된 직분과 은사를 가지고 있는 이들로 그리스도의 몸인 교회를 세워 간다는 의미로, 눈에 보이는 지역 교회를 이야기합니다. 비록 불완전하지만 하나님이 교회를 세우시고 사용하신다는 것입니다. 요즘 교회가 약하고 문제가 많다며 무시하고, 현실의 교회를 부정해 교회를 다니지 않는 사람들이 많습니다. 무교회주의자들이 생기고 마음이 맞는 사람들끼리 모여서 인터넷에서 설교를 듣고 카페에서 모임을 하는 일들이 벌어지고 있습니다.

그러나 하나님은 비록 연약하지만 그 연약한 교회를 통해서도 일하고 계십니다. 지상의 교회는 늘 연약했습니다. 그럼에도 하나님은 2000년 역사 속에서 그 연약한 교회를 붙들어 사용해 오셨습니다. 우리 눈에 보이는 지역 교회는 굉장히 중요합니다. 무시해서는 안 됩니다. 때로 선교단체에서만 훈련받아 교회론이 약해진 사람들이 있습니다. 그들은 지역 교회를 무시합니다. 다 주님의 교회가 맞습니다. 그런데 내가 출석하고, 내가 적을 두고, 내가 삶의 모든 것을 나누는 눈에 보이는 교회가 있느냐는 굉장히 중요합니다.

성장하는 공동체

오직 사랑 안에서 참된 것을 하여 범사에 그에게까지 자랄지라 그는 머리니 곧 그리스도라 그에게서 온몸이 각 마디를 통하여 도움을 받음으로 연결되고 결합되어 각 지체의 분량대로 역사하여 그 몸을 자라게 하며 사랑 안에서 스스로 세우느니라 엡 4:15-16

교회를 말하다

이 말씀에 '자라게 한다'는 표현이 여러 번 나옵니다. 교회는 생명체이기 때문입니다. 그리스도의 몸이라는 개념에 의해 교회는 생명체이기 때문에 성장한다는 것입니다. 성장은 자연스러운 현상입니다. 교회의 성장이란 무엇입니까? 그리스도의 몸(성도)이 세워지는 것이고, 성도들이 머리 되신 그리스도와의 관계 속에서 자라 가는 것입니다. 성장의 목표는 그리스도입니다. 그리스도의 몸이 자라 간다는 것은 결국 우리의 초점이 그리스도가 된다는 의미입니다. 숫자적 성장이나 외적인 조건이 아니고 그리스도를 닮아 가고 그리스도에게까지 나아가느냐가 중요한 것입니다. 모든 성도가 그리스도께로 나아가도록 하는 것, 그리스도를 바라보고 그리스도를 닮아 가도록 하는 것, 이것이 교회의 성장입니다.

우리는 이 점을 하나의 추상적인 개념으로 이해해서는 안 됩니다. 굉장히 심오한 의미로 붙들어야 합니다. 즉 성도들을 도구로서나 수적인 관점으로 바라봐서는 안 된다는 의미입니다. 그리스도의 몸을 세워 가는 것이 교회의 본질임을 기억해야 하고, 그 목표는 그리스도여야 하며, 그리스도를 닮아 가는 것이 목회의 초점이어야 합니다.

교회의 핵심은 예수 그리스도십니다. 교회는 오직 머리 되신 그리스도로 말미암아 그분을 위하여 존재하며, 그분 안에 있습니다. 머리가 없으면 몸이 아닙니다. 머리가 중요합니다. 머리 되신 그리스도에게서 온몸이 각 마디를 통하여 도움을 받음으로 연결되고 결합되어 각 지체의 분량대로 역사하여 그 몸을 자라게 하며 사랑 안에서 스스로 세우는 것이 교회입니다.

마이클 호튼(Michael Horton)은 그리스도가 없는 교회를 말하면서, "오늘날 교회에 그리스도가 있는가?"라고 묻습니다. 사람들이 모인 사람들의 잔치에 불과할 뿐이라면서 말입니다. 이는 "교회는 누구를 위해 존재하는가?"라는 질문입니다. 오늘날 성전은 서로 이윤을 주고 받는 장사 터가 되고 강도 굴이 되었습니다. 단지 우리끼리 좋은 것입니다.

'그리스도가 머리가 되신다'라는 말은 그리스도가 교회의 주인이시라는 의미로, 교회론에서 굉장히 중요한 부분입니다. 모든 결정권이 그리스도께 있다는 것입니다. 그러므로 우리는 교회를 운영하거나 모든 일을 추진해 나갈 때 사람들이 모여서 회의해 임의로 결정하는 문화를 만들어서는 안 됩니다. 회의에 참여한 구성원들이 모두 하나님의 뜻을 끊임없이 묻고 있는 성숙한 그리스도인들인가를 물어야 합니다. 기도 생활도 하지 않고 은혜 생활도 하지 않는 온갖 사람들이 모여서 자기 의견을 개진할 수 있다면 그 교회는 이내 난장판이 되고 맙니다. 교회는 철저히 그리스도가 주인이 되셔야 합니다.

인간적인 힘으로 권위를 세워서 교회를 운영하려 하면 실패합니다. 오늘날 교회의 어려움이 무엇입니까? 주인이 너무 많습니다. 머리가 많으면 몸이 아닙니다. 머리는 단 하나, 그리스도셔야 합니다. 오늘날 교회의 어려움은 모든 개인이 자기 목소리를 낸다는 것입니다. 그 상황을 어떻게 이끌고 갈 수 있습니까. 백이면 백 사람 전부 다 구시렁대면서 돌을 들고 있는데 어떻게 끌고 가겠습니까.

그러니까 어떤 면에서 교회에 분쟁이 일어나는 이유는 목회자가

교회를 말하다

그리스도의 머리 되심을 인정하지 않는 모습을 보여 주었기 때문입니다. 목회자는 그리스도의 주 되심을 인정해 벌벌 떨면서 결정하고 목회하는 모습을 나타내야 합니다. 그리스도께 전적으로 복종하고 그분의 주인 되심을 인정하는 목회자의 권위는 누구로부터 주어집니까? 그리스도로부터 주어집니다. 그러면 그 권위는 그리스도로부터 온 권위이기 때문에 목회자는 그리스도다운 권위를 행사해야 하는 것입니다. 그리스도가 어떻게 그분의 권위를 행사하셨습니까? 종이 되어 행사하셨습니다.

목회자들에게 권위주의가 많습니다. 무슨 일을 할 때 목회자 임의로 해서는 안 됩니다. 성도들이 목회자에게 저항하는 이유는 목회자가 자기 임의로 하려고 하기 때문입니다. 이는 주님으로부터 온 것이 아닙니다. 목회자는 하나님의 양 떼를 치는 주님의 종에 불과합니다. 목회자가 주인 자리에 앉아 임의로 해서는 큰일 납니다.

오늘날 한국 교회는 문제가 생기면 회의를 합니다. 회의하면 됩니까? 결론은 나지 않고 상처만 남습니다. 무조건 빨리 가는 것이 좋은 방법은 아닙니다. 하지 않으면 어떻습니까? 기다려서라도 하나 됨을 만들어야 합니다. 우리는 그리스도께 다 복종하고, 하나님의 뜻을 묻고, 목회자가 욕심으로 밀어붙였다는 생각을 하지 못하게 해야 합니다. 하나님 앞에 충분히 엎드리는 시간이 필요합니다. 지금 그리스도의 머리 되심이 훼손되어 그리스도를 머리로 인정하지 않는 것이 한국 교회 안에 실제적으로 일어나고 있는 심각한 문제입니다.

다양성을 가진 공동체

교회는 '각 지체의 분량대로', 즉 '각자의 은사대로'를 중요하게 여깁니다. 교회를 획일화하려고 해서는 안 됩니다. 지역과 도시와 환경과 문화와 시대가 다 다를 수 있음을 인정해야 합니다. 내가 보는 교회론이 전부가 아니라는 것입니다. 성도들도 마찬가지입니다. 모든 성도를 하나의 기준에 표준화시켜서 일정한 틀 속에 집어넣으려고 해서는 안 됩니다. 게리 토마스(Gary Thomas)의《영성에도 색깔이 있다》(CUP, 2003)라는 책 제목처럼, 또는 오케스트라의 아름다운 선율처럼 다양함 속에서 나오는 하모니가 중요합니다. 각자가 가진 기질과 모양과 결이 잘 살아나도록 해 주어야 합니다.

본질이 살아 있는 곳

마지막으로 에베소서 5-6장에서는 교회를 이렇게 설명합니다.

회복된 관계로 완성되어 가는 공동체

바울은 교회론에 가정을 품고 갑니다. 교회와 가정은 분리될 수 없기 때문입니다. 사실 한국 교회의 신앙은 이에 대해 매우 이분법적이라는 점에 안타까운 마음입니다. 교회와 가정이 분리되어 있는 것은 큰 문제입니다. 팽팽한 긴장감이 존재합니다. 너무 지나친 교회 중심 사역은 가정을 깨뜨리는 데 기여할 수 있습니다. 때로는 교회 일을 내려놓더라도 가정이 먼저 회복되어야 합니다. 이것은 굉장히 중요합니다. 교회와 가정에서의 삶은 결코 분리되어 있지 않습니다. 교회에

교회를 말하다

서만 사랑해야 하는 것이 아니라 가정에서도 사랑해야 합니다. 자기 자녀는 방치해 놓고 주일학교 교사로 열심히 봉사하는 것은 사실 이 중 구조적이며 모순입니다.

오늘날 잃어버린 다음 세대들 가운데 중직자 자녀들이 있다는 사실을 알고 있습니까? 이렇게 된 까닭은 교회에서 말했던 사랑이나 그리스도를 닮는 삶이 가정에서 실현되지 않았기 때문입니다. 건강한 부부 생활을 하지 않는 성도가 건강한 봉사를 할 수 있을까요? 건강한 부부 생활을 하지 않는 사역자가 건강한 사역이 가능할까요? 불가능합니다. 둘은 결코 분리되어 있지 않습니다.

전투하는 공동체

마귀의 간계를 능히 대적하기 위하여 하나님의 전신 갑주를 입으라 우리의 씨름은 혈과 육을 상대하는 것이 아니요 통치자들과 권세들과 이 어둠의 세상 주관자들과 하늘에 있는 악의 영들을 상대함이라 엡 6:11-12

우리를 공격하는 영적 실체가 있다는 의미입니다. 실제로 목회를 하다 보면 혈과 육을 상대하는 것이 아니라 어둠의 세상 주관자들을 대하는 영적 싸움 중이라는 사실을 매일 체감합니다. 그런 우리가 할 일이 무엇입니까? 바울은 "그러므로 하나님의 전신 갑주를 취하라 이는 악한 날에 너희가 능히 대적하고 모든 일을 행한 후에 서기 위함이라"(엡 6:13)라고 조언합니다. 오늘날 한국 교회는 영적 전쟁에 휘말렸습니다. 내전을 치르고 있는 중입니다. 싸움 가운데 가장 지저분하고 비극적인 전쟁이 내전이라고 합니다. 지상의 교회는 싸우는 교회로서, 싸움을 잘해야 하는 교회, 전투하는 교회입니다.

여기서 바울은 방어와 공격 둘 다를 잘해야 한다고 말합니다. 바울은 이어지는 14절부터 "그런즉 서서 진리로 너희 허리띠를 띠고 의의 호심경을 붙이고"라고 말하는 등 진짜 우리 신앙의 본질적인 부분을 다룹니다. 진리와 의와 평안의 복음과 믿음과 구원과 성령은 가장 본질적인 부분으로, 하나님의 전신 갑주로 무장되어 있어야 한다고 강조합니다.

목회는 본질의 강화입니다. 본질을 심화하면 됩니다. 무엇인가를 많이 해야 하는 것이 아닙니다. 오늘날 교회는 너무 복잡해졌고 너무 많은 것을 강조합니다. 그렇다 보니 진정 강조해야 할 무엇인가가 없어졌습니다. 성도들은 혼란스러워하고 목회자들은 헷갈려합니다.

'성령의 검'은 공격을 의미합니다. 가장 중요한 비수는 깨어 있는 기도입니다. 목회를 하다 보면 목회자가 늘 깨어 있다는 것이 얼마나 어려운지를 많이 느낍니다. 목회자가 깨어 있지 않으면 교회가 지금 어디로 가는지 모릅니다. 한마디로, 난파합니다. 한국 교회는 지금 지도자의 영적 무덤으로 잠이 들어 극심한 난파 중입니다. 바울은 구별점을 잃어버리고 세상과 너무 닮아 있는 교회들에게 다시 생명력을 부여하고자 본질로 회복하기를 촉구합니다. 그러면서 말씀의 회복, 복음의 능력의 회복, 성령의 역사의 회복이 일어나야 한다고 강조합니다.

오늘날 한국 교회는 에베소서에서 바울이 말한 교회가 되어야 합니다. 시대는 바뀌었지만 오늘 우리가 바로 그 교회가 되는 일이 가능한 이유는 성부, 성자, 성령의 살아 계심과 그 하나님이 우리 가운데 일하시기 때문입니다. 이제부터는 패배주의적인 견해는 내려놓고 희망을 이야기합시다. 우리 스스로 복음의 회복의 역사를 경험해 앞으로 치고 나가기를 기대합니다.

Part 2

교회, 청사진을
그리다

: 교회의 본질

Chapter 3

은혜가
풍성한 교회

2부에서는 교회의 청사진을 세밀하게 그리는 작업을 하려 합니다. 교회의 본질을 더욱 내밀히 살펴보아야 합니다. 이때 가장 먼저 나올 수 있는 교회의 본질적 요소에는 무엇이 있을까요? 바로 '예배'입니다. 교회 공동체는 함께 모여 예배하는 곳입니다. 예배가 빠진 공동체는 더 이상 교회라 할 수 없습니다. 예배 없이 단순히 모이기만 한다면 세상 공동체와 다를 바가 없습니다. 사도 바울은 에베소서의 서론부에서 이를 강조하여 말하고 있습니다.

예배다운 예배

에베소서 1장 1-2절은 편지의 서문이고 3절의 "찬송하리로다"라는 말씀으로 본론에 들어갑니다. 서신의 첫마디가 찬송입니다. 일종의 감격과 함께 터져 나오는 탄성입니다. 바울이 편지를 기록할 때 탄성부터, 일종의 감격부터 먼저 쏟아져 나왔음을 볼 수 있습니다.

바울은 먼저 하나님께 초점을 맞추었습니다. 하나님이 누구신지, 하나님이 행하실 일이 무엇인지에 집중했습니다. 하나님께 초점을 맞출 때 찬송이 터집니다. 예배란 하나님께 초점을 맞추는 작업입니다. 바울은 개인적으로 가슴속에서 북받쳐 오르는 감격을 찬양으로 먼저 표현했습니다. 그렇다면 바울은 무엇 때문에 찬양했을까요?

가장 먼저 신령한 복이 언급되고 있습니다. '복'이라는 단어 앞에 '신령한'이라는 단어가 매우 중요합니다. '신령한 복'은 달리 표현하면 '영적인 복'입니다. 하나님이 우리에게 주신 것은 바로 영적인 축복이라는 것입니다. 그래서 신약으로 넘어오면서 구약적 복에 대한 개념이 달라집니다. 복 중에 복은 사실 신령한 복입니다. 목회자들은 목양할 때 무엇보다 신령한 복에 관심을 갖고 사모하게 해야 합니다.

바울이 '신령한 복'이라고 선명하게 강조한 이유는 '세속적인 복'과 구별하기 위해서입니다. 3절에 의하면, 신령한 복은 하늘에 속한 복입니다. 여기서 '하늘'이라는 말은 하나님 나라에 속한 복, 달리 말해 하나님으로부터만 주어지는 복을 말합니다. 세상이 줄 수 없는 복, 세상으로부터 오지 않는 복, 인간의 노력으로는 취득할 수 없는 복, 눈에 보이지 않고 영적인 복, 순간적이지 않고 영원한 복을 의미합니다. 이 복을 놓치면 모든 일이 헷갈리게 되고, 뒤죽박죽 엉켜 버립니다. 교회는 성도들이 철저하게 하늘에 속한 신령한 복에 집중하게 해야 합니다.

성도들에게 교회가 세상의 모든 문제를 다 풀어 줄 것이라고 약속하면 안 됩니다. 그리고 예수님만 믿으면 모든 문제가 사라질 것이라 말해서도 안 됩니다. 성경은 우리 현실의 모든 문제를 다 해결해 주겠다고 약속하지 않습니다. 성경의 논리는 정반대입니다. 풀리지 않는 현실의 문제들을 통해서 신령하고 영원한 복을 추구하도록 인도해야 하는 것입니다.

모두가 어려운 시기를 겪고 있습니다. 이런 때 우리가 정말 사모해야 하는 것이 무엇입니까? 더 나은 환경이 아닙니다. 성경이 제시하는 우리의 목표는 결단코 이 세상에 있지 않습니다. 우리가 할 일은 신령한 복을 받는 것입니다. 그래서 목회란 성도들로 하여금 끊임없이 하늘을 향하도록 이끄는 것, 하늘에 속한 것을 보는 눈이 열리도록 하는 것입니다. 눈을 들어 저 멀리 영원한 것을 보게 해야 합니다.

교회를 말하다

이 신령한 복에 대해 말하고자 바울은 구체적으로 '선택'이라는 단어를 가져옵니다. 4절에 구원의 핵심적인 내용이 나옵니다. 하나님 편에서의 선택입니다. 이 선택받음이 복 중에 복이라는 것입니다. 선택의 주도권은 우리에게 있지 않고 하나님께 있습니다(요 15:16). 이 선택 과정은 "곧 창세전에 그리스도 안에서 우리를 택하사"(엡 1:4)라는 말씀에서 알 수 있듯이 창세전에 이루어진 일로서, 구원은 어설프게 우연히 이루어진 것이 아닙니다. 구원은 하나님의 놀라운 계획과 섭리 속에서 이루어진 것으로, 이 구원 사건 안에 하나님의 빈틈없는 계획이 숨어 있다고 바울은 말합니다.

이 선택에서 강조되는 부분은 '그리스도 안에서'입니다. 이 선택의 복은 매개가 단 하나, 그리스도시라는 사실입니다. 우리는 소망이 없던 상태였습니다. 하나님이 우리가 아담의 범죄로 상실했던 것을 그리스도 안에서, 그리스도를 통하여, 그리스도로 말미암아 되찾게 하신 것입니다. 그리스도 바깥에는 소망이 없다는 것입니다.

이것은 우리가 착각하지 못하도록 방지하기 위함입니다. 우리의 실력이나 조건에 의한 선택이 아니라는 것입니다. 그래서 바울은 '창세전', '그리스도 안에서', '그 기쁘신 뜻대로', '그가 사랑하시는 자 안에서' 등 단어 하나하나를 통해 우리를 향한 하나님의 놀라운 계획들을 표현했습니다. 우리를 구원하시기 위한 하나님의 선택, 하나님이 행하신 오묘함, 엄청난 계획, 그리스도를 통해 우리에게 이루어 내신 하나님의 섭리와 열정을 깨닫게 되는 순간 우리는 감격할 수밖에 없습니다. 바울은 그 사실을 발견한 순간 찬송이 터졌습니다.

헬라어 원본을 보면 에베소서 1장 3-14절이 끊기지 않고 한 문장으로 되어 있습니다. 바울은 이 말씀을 기록할 때 북받쳐 오르는 감격에 못 이긴 채 써 내려가며 쉼표를 찍을 틈이 없이, 마치 폭포수가 위에서 아래로 거침없이 떨어지듯 표현을 한 것입니다.

하나님이 우리를 선택하셨다는 말은 우리 편에서 보면 운명적으로 도망갈 수 없다는 뜻이고, 하나님 편에서 보면 구원의 완성을 책임지신다는 의미입니다. 바울은 로마서 8장에서 "누가 능히 하나님께서 택하신 자들을 고발하리요"(롬 8:33), "누가 우리를 그리스도의 사랑에서 끊으리요"(롬 8:35)라고 말하는데, 이 표현이 에베소서와 연결되면서 우리의 구원은 취소될 수 없고 실패할 수 없음을 강조합니다. 왜 그렇습니까? 하나님의 구원에는 우리를 향한 하나님의 사랑의 집념과 끈질긴 의지와 식을 줄 모르는 열정이 있기 때문입니다.

그래서 구원의 공동체, 즉 구원의 감격이 살아 있는 공동체입니다. 선택이라는 새로운 목적을 위해 하나님이 의도적으로 불러내어 만드신 새로운 공동체입니다. 존 스토트(John Stott)의 표현에 의하면 '새로운 사회'(new society)입니다. 교회는 하나님의 오묘하고 놀라운 구원 위에 서 있는 것입니다. 이런 이유로 하나님의 공동체는 복음을 정확하게 이해하고, 구원 사건이 그 안에서 계속해서 일어납니다.

처음 교회에 나온 성도들에게 해야 하는 매우 중요한 역할은 복음을 선명하게 전하고, 구원 공동체의 일원이 되도록 인도하는 일입니다. 어떻게 교회 구성원이 됩니까? 단지 교회에 열심히 출석하고 교회 활동에 참여하는 것이 신앙이 되어서는 안 됩니다. 교회는 하나님의 택하심에 의해 구원받은 자들의 모임입니다. 가장 중요한 것은 교회 안에서 구원의 사건이 일어나야 하는 것입니다. 성도들에게 복음을 정확하게 전달해야 합니다.

교회에 처음 나온 성도에게는 어떻게 예수님을 믿게 되었는지를 확인하는 과정이 반드시 있어야 합니다. 심방하면서도 그가 구원을 경험했는가, 회심의 사건이 있었는가, 십자가를 만났는가, 십자가 앞에서 자기의 죄인 됨을 정확하게 고백했는가, 신앙의 진위 여부, 어떻게 신앙을 가지게 되었는가, 어떻게 은혜를 받게 되었는가 등을 질문하는 것이 가장 중요합니다. 몇 가지 질문만 하면 금방 알 수 있습니다.

어쩌면 한국 교회에서 일어나는 많은 문제가 여기에서 기인할지 모릅니다. 비신자가 교회 구성원이 되고, 봉사하고 헌금하고 교회 기준에 따라 살다가 중직자가 되는 경우가 너무 많습니다. 구원받은 신자인가, 아닌가가 가장 중요합니다. 본질을 흐려서는 안 됩니다. 교회는 세상의 공동체 및 조직과 전혀 다르게, 구원받은 사람들의 공동체임을 기억해야 합니다.

하나님의 선택의 목적이 에베소서 1장 6절, 12절, 14절에서 세 번 반복됩니다. 6절은 "그의 은혜의 영광을 찬송하게 하려는 것", 12절은 "그의 영광의 찬송이 되게 하려 하심", 14절은 "그의 영광을 찬송하게 하려 하심"입니다. 교회의 초점은 전적으로 하나님의 영광과 연결됩니다. 하나님의 영광을 드러내는 것은 교회의 존재 이유입니다. 이것이 세상의 조직과는 전혀 다른 교회의 존재 이유이며, 그런 면에서 교회의 중심에는 예배가 있어야 합니다. 하나님의 영광에 집중하는 시간입니다. 하나님을 높여 드리는 일이 교회의 전부여야 합니다.

교회는 예배다운 예배를 드리는 것으로 충분합니다. 예배가 예배되지 않을 때 문제가 터집니다. 이스라엘의 역사 역시 예배의 승패에 모든 것이 달려 있었습니다. '참된 예배를 드리고 있는가?' 이것은 이스라엘 역사 속에서 언제나 핵심이었습니다. 참된 예배는 우리만의 열정으로 가능한 일이 아닙니다. 오늘날 교회의 많은 문제가 예배가 죽었다는 데 있습니다. 예배가 형식적으로 기울어 있고 그 안에서 하나님의 임재를 경험하지 못합니다. 참된 예배란 우리의 모든 관심을 하나님께로 끌어올리는 것입니다. "세상과 나는 간 곳 없고 구속한 주만 보이도다"(새찬송가 288장)라는 찬송가 가사처럼 말입니다.

감격적인 예배는 사람이 연출해서 만들어지는 것이 아니라 성령이 하시는 일입니다. 성령이 회중을 압도하시어 하늘을 향하여 데려가시는 것입니다. 그래서 예배다운 예배가 드려질 때 예배를 드리기 전과 이후가 확연히 달라지게 됩니다.

교회는 예배 공동체입니다. 교회가 예배를 제대로 드리게 되면 그다음에는 하나님이 모든 일을 행하십니다. 예배 가운데 하나님이 각자에게 주시는 말씀에 귀를 기울이고 순종하면 교회는 살아납니다. 하나님은 모든 말씀을 예배 속에서 하십니다. 예배 속에서 하나님의 말씀을 듣지 못하면 어디에서 하나님의 말씀을 듣겠습니까. 예배는 하늘이 열리는 것이요, 그때 임하는 하나님의 말씀이 있습니다. 예배를 통해 하나님께 압도당하면 세상의 영광에 흔들리지 않을 수 있습니다. 시험거리도 다 사라집니다.

교회의 존재 이유는 매우 명확합니다. 교회다운 교회는 하나님을 위한, 하나님에 의한, 하나님의 것이어야 합니다. 구원받은 자가 오직 그리스도의 영광만을 위해 존재해야 비로소 그 교회는 건강한 교회가 될 수 있습니다. 에베소서는 인간화된 제도적 교회로부터 유기적이고 살아 있는 생명 공동체로 이끌어 주는 핵심적 원리를 가르쳐 줍니다. 기관(organization)이 아닌 유기적 공동체(organism)라는 것입니다.

교회는 예배에 목숨을 걸어야 합니다. 하나님의 이름에 합당한 예배를 드리지 않으면 그때부터 교회는 시끄러워집니다. 교회로서의 기능을 잃어버리고 인간의 소리로 가득 채워지는 것입니다. 주인이 많아지고 사공이 많아져 시끄럽습니다. 그래서 교회의 실패는 예배의 실패입니다. 예배에서 아무 일도 일어나지 않았기 때문에 그 교회는 단지 제도적 교회요, 인간의 소리가 주인이 되는 것입니다.

예배에 실패하면 우상이 만들어지고, 하나님의 자리를 우상이 대체합니다. 예배가 죽어 있으면 하나님이 아닌 다른 이슈들이 자꾸 일어나고, 엉뚱한 것들이 밀고 들어옵니다. 그래서 교회가 혼란에 빠지는 것이며, 주변의 주제들이 핵심 주제가 되는 것입니다. 자존심 싸움을 하고, 불필요한 논쟁을 일으키는 등 교회가 얼마나 엉뚱한 주제를 가지고 소모전을 벌이는지 한심하기 이를 데 없을 때가 많습니다.

교회는 어떤 곳입니까? 하나님을 높여 드리기 위해 자아가 죽어 묻히는 경험이 일어나는 곳입니다. 하나님께 집중하는, 하나님께 압도당하는, 하나님의 영광에 취하는 곳이 교회입니다. 반면, 그렇게 하지 않으면 인간의 소리, 인간의 자존심, 인간의 공로, 인정받고 싶은 몸부림

등이 난무하는 곳이 교회이기도 합니다. 교회는 구원의 공동체일 뿐만 아니라 예배의 공동체이며, 예배에 모든 것을 걸어야 합니다. 이 사실을 기억하며, '살아 있는 예배가 드려지고 있는가?'라는 질문을 수시로 하며 점검해야 합니다.

그리스도의 죄 사함의 은혜를 누려야 한다

에베소서를 읽다 보면 바울의 논리 정연함과 주옥같은 내용들로 찬사가 나오는데, 단어 하나하나를 놓칠 수가 없습니다. 눈에 띄는 또 하나의 단어가 나오는데, 바로 '은혜'입니다.

> 우리는 그리스도 안에서 그의 은혜의 풍성함을 따라 그의 피로 말미암아 속량 곧 죄 사함을 받았느니라 엡 1:7

은혜는 바울이 즐겨 사용하는 단어입니다. 하나님의 모든 축복은 은혜의 강을 통해서 흘러나옵니다. 성경에서 은혜라는 단어를 빼면 성경이 와르르 무너집니다. 하나님이 누구시며, 하나님이 행하신 일들에 대한 모든 것의 중심에 은혜라는 단어가 있습니다. 이 사실을 놓치면 설명이 안 됩니다. 바울은 자신의 삶을 해석할 때도 "내가 나 된 것은 하나님의 은혜로 된 것이니"(고전 15:10)라고 하며 은혜라는 단어를 사용합니다. '하나님'이라는 이름에 뒤따라오는 단어가 바로 '은혜'라는 단어입니다.

바울이 말하는 은혜는 무엇입니까? 구속, 속량, 죄 사함입니다. 여기에서 바울은 은혜와 죄 문제를 연결시킵니다. 죄의 본질을 다루는 것입니다. 기독교는 도덕을 넘어선 종교입니다. 여기서 바울이 말하는 '죄'는 '원죄'를 의미합니다. 드러난 죄보다 죄를 짓게 만드는 본성적인 죄의 뿌리입니다. 목회에서 집중해야 할 것이 바로 이 부분입니다. 죄의 외적인 형태가 아니라 죄의 뿌리를 다뤄야 합니다. 죄의 뿌리를 뽑는 작업을 해야 합니다. 죄의 뿌리를 뽑지 않으면 문제가 계속 반복될 뿐입니다. 이는 외형적인 것이 아니고 내면을 다루는 작업입니다. 목회는 내면을 다루는 일입니다.

우리는 스스로에게 속을 때가 많습니다. 사람들은 얼마든지 착한 행동으로 스스로를 멋있게 포장할 수 있습니다. 그래서 자칫하면 교회는 가면 무도회장이 됩니다. 겉과 속이 다른 위선자들로 우글거리게 됩니다. 여기서 한국 교회의 민낯이 많이 나타나고 있습니다. 우리의 문제는 예배를 열심히 드리지 않는 것이 아니라, 겉으로는 예배를 열심히 드리는데 바깥에 나가면 다르다는 것입니다. 교회 안에 있을 때는 정말 괜찮은 사람 같은데 사회에 나가면 다릅니다. 우리는 지금 굉장히 포장을 많이 하고 있으며, 맨얼굴이 드러나니 우리 스스로조차 깜짝 놀라고 있습니다.

비신자들이 신자들에 대해 가장 거부감을 갖게 되는 이유가 이기적이고 이중적이라는 데 있다고 합니다. 겉으로는 멋있는 말을 하고 포장하는데 인간적으로 정이 들지 않는 것입니다. 예배를 적게 드려서가 아닙니다. 예배가 그릇되게 이용되는 것입니다. 이스라엘 백성의 타락이 극에 달했을 때가 언제입니까? 제사드리는 일에 열심일 때,

종교적 열광주의에 빠졌을 때 오히려 더 타락했습니다. 즉 하나님께 예배드리는 일과 삶의 불일치가 문제였던 것입니다.

사람들은 흔히 자신의 죄를 예배라는 의식에 감추어 버립니다. 열심히 예배드리고 헌금을 많이 함으로 자신의 죄를 얼마든지 합리화할 수 있는 존재가 인간이기에 예배 가운데 위선이 나타나는 것입니다. 예배다운 예배는 하나님의 말씀에 대한 순종으로 나타나야 하는데, 그러한 일은 일어나지 않고 자신의 감정을 합리화합니다.

목회는 사람의 겉모양을 다루는 일이 아닙니다. 교회는 사람들의 외적인 도덕성만을 얘기하지 않고, 인간의 내면에 감춰져 있는 죄성을 다뤄야 합니다. 겉모양만 그럴듯하게 꾸미면 그것은 종교화를 강화할 뿐입니다. 인간이 가장 인간다워질 때는 하나님 앞에서 죄인 됨을 인정할 때이며, 가장 추악해지는 순간은 자신이 죄인 됨을 인정하지 않을 때입니다.

교회 안에서 가장 무서운 것은 위선입니다. 위선자는 결코 회개하지 않습니다. 우리는 우리 죄의 형태가 다른 것들로 포장되어 있다는 사실을 인식해야 합니다. 죄가 미화되어서 숨어 버리면 무슨 일이 일어납니까? 그리스도의 십자가가 필요 없어집니다. 이것이 바로 예수님 시대에 바리새인들이 빠진 함정입니다. 그들이 예수님을 죽이려 했던 이유가 여기 있습니다.

위선이 누구에게서 가장 많이 일어납니까? 교회 지도자들인 목회자들입니다. 목회자들은 성도들이 거는 기대나 스스로 성직자가 되었다는 자부심에 실제 삶과는 괴리되었지만 그럴듯해 보이려고 하는 유

교회를 말하다

혹을 많이 받습니다. 사실 목회자의 자리는 솔직해지기 어려운 자리입니다. 위선은 거의 소망이 없는 단계라는 사실을 기억해야 합니다. 말씀을 전하는 것과 자기 삶의 간격을 메꾸려는 노력을 포기하는 순간이 오는 것이 가장 무섭습니다. 그 노력을 포기한 순간, 위선이 일상이 됩니다. 그때부터는 신앙은 유희가 되고 목회는 비즈니스로 가는 것입니다.

우리는 예수님이 "큰 무리를 보시고 그 목자 없는 양 같음으로 인하여 불쌍히 여기"(막 6:34)라고 말씀하신 것에 주목해야 합니다. 이 말씀이 모든 사건을 결정하는 핵심입니다. 예수님 사역의 모든 것은 '불쌍히 여기심'에 있었습니다. 목회도 불쌍히 여기는 마음 없이는 불가능합니다.

겉모양을 보면 교회는 문제가 없어 보입니다. 그런데 위선이 어디까지 가냐면 '자기 의' 단계까지 갑니다. 한마디로 '나는 괜찮아. 나는 저 사람과는 달라'라고 생각하는 것입니다. 그런데 보다 치명적인 죄는 오히려 그런 비판을 하는 동안, 내 안에 더 큰 죄가 있다는 사실을 인식하지 못한다는 점입니다. 그리스도의 십자가를 통과하지 않는 의인들이 출몰하는 것입니다. 그런 이들이 모인 공동체에는 결국 율법주의가 난무하게 됩니다. 그곳에는 비난과 정죄가 가득합니다.

교회는 죄를 합리화하게 하는 곳이 아닌 죄를 인식하게 하고, 그리스도께로 돌이키게 하는 곳이어야 합니다. 죄 문제의 해결은 결코 간단하지 않습니다. 그리스도의 피로 말미암기 때문입니다(엡 1:7). 인간의 어떤 노력으로도 죄 문제를 다룰 수 없기 때문에 그리스도의 피로 말미암아야 하는 것입니다. 죄 사함을 위해서 무엇이 동원되었습니까? 하나님의 아들이신 그리스도의 피가 동원되었습니다. '그리스도 안에서'라는 말도 마찬가지 의미입니다.

따라서 여기에 그리스도, 십자가, 부활이라는 복음이 오고, 속량, 구속이라는 단어가 나옵니다. '속량'이란 노예를 값으로 사서 자유하게 하는 것을 말합니다. 하나님이 그리스도를 우리 죄의 대속물이 되게 하신 것입니다. 구약의 제사 제도를 이해하면 더 크고 강도 높게 이해할 수 있는 부분입니다.

바울은 죄 용서를 받는 일을 가볍게 다루고 넘어가서는 안 된다는 의미에서 이 말을 했습니다. 왜냐하면 속량이 구원의 한가운데에 있기 때문입니다. 따라서 하나님의 은혜를 어디서 가장 깊이 경험할 수 있습니까? 바로 십자가를 통한 죄 용서에서이며, 이것이 바로 측량할 수 없는 하나님의 은혜입니다. 그래서 바울은 단지 은혜라고 말하지 않고, '그의 은혜의 풍성함'이라는 단어를 사용했습니다. 인간의 머리로는 셀 수도 없고, 잴 수도 없는 그리스도의 피로 말미암은 구속의 은혜, 하나님의 은혜라는 것입니다.

성경 전체는 구원의 드라마를 담고 있습니다. 인간의 실패에도 불구하고 하나님의 구원 역사는 계속된다는 것입니다. 바울 사도 자신도 마찬가지였습니다. 기독교 역사에 가장 탁월한 거장으로 세워져 있지만 그 역시 그 은혜로, 그리스도의 피로 말미암아 죄 사함을 받아 구원을 얻지 않았습니까.

교회는 사죄의 기쁨이 넘치는 곳이어야 합니다. '죄 문제를 어떻게

교회를 말하다

처리하는가? 교회 안에서 죄가 분명히 다루어지고 있는가?' 이것이 바로 교회 공동체의 가장 본질적인 문제입니다. 오늘날 한국 교회의 설교와 강단은 도덕주의로 많이 기울어져 있다는 말을 많이 합니다. 죄문제와 죄 사함 문제는 세상 어디에서도 다룰 수 없고, 오직 교회에서만 유일하게 다루어지고 해결될 수 있습니다. 따라서 죄 사함을 받아 그 기쁨을 알고, 하나님으로부터 용서받은 것은 복음이 있는 공동체의 특징입니다. 그래서 바울이 표현한 '은혜'라는 단어는 항상 자신이 죄인 중에 괴수였고(딤전 1:15), 만삭되지 못하여 난 자 같았으나(고전 15:8) 그리스도 안에서, 그리스도의 피로 용서받았음을 표현하고 있는 것입니다.

저는 가장 큰 기쁨 중에 하나는 용서의 기쁨, 죄 사함의 기쁨이라고 생각합니다. 1만 달란트의 빚을 탕감받은 죄인의 기쁨 말입니다. 그리스도의 피가 선명한 공동체는 죄의 고백을 두려워하지 않습니다. 하지만 율법주의적인 공동체는 죄를 감추고 가능하면 포장합니다. 포장하는 정도가 아니라 다른 사람을 판단하고 정죄합니다. 그런 율법주의 공동체는 살벌합니다. 반면, 용서를 경험한 공동체는 따뜻하고, 진정한 기쁨이 있고, 참된 세례가 시행되는 곳입니다.

헌신이 어디서부터 나올까요? 용서받은 죄인이라는 사실을 깨달은 데서 깊은 헌신이 이루어집니다. 자신의 생명까지도 바치게 하는 속죄의 은혜가 풍성한 곳이 교회임을 기억해야 합니다.

Chapter 4

하나님을
알아 가는 열심

복음이 살아 있는 교회, 좋은 교회, 건강한 교회는 어둡지 않고 밝습니다. 성도들의 얼굴이 밝고, 목회자의 얼굴이 환합니다. 하나님의 은혜와 감격이 있는 교회는 즐겁습니다. 예배 분위기가 활달합니다. 웃음이 있고, 자유가 있습니다. 경직되지 않고 따뜻합니다. 그러나 율법주의적인 교회는 어둡고 사람들이 날카롭습니다. 싸우려고 합니다. 법정 소송까지 가는 경우도 있습니다.

한 식당에서 사람들이 싸웠습니다. 한 사람이 싸움을 말리면서 "여기가 교회인 줄 아십니까? 여기서 왜 싸웁니까!"라고 말했습니다. 사람들은 교회에서 싸우고, 세상에서 치유받습니다. 다시 교회에 가서 상처를 받습니다. 이러한 일이 반복되고 있습니다. 무엇인가 잘못된 방향으로 흘러갑니다.

세상에 없는 기쁨

에베소서 1장 3-4절에는 사도 바울의 찬양 내용이 기록되어 있습니다. 찬양은 하나님으로부터 받은 신령한 복에 대한 반응입니다. 여기서 사도 바울은 우리가 무엇에 초점을 맞추어야 하는가를 선명하게 보여 줍니다. 교회가 무엇에 집중해야 하는가, 무엇에 관심을 가져야 하는가, 무엇에 에너지를 쏟아야 하는가를 말해 줍니다.

찬양은 우리가 하나님께 반응하는 것입니다. 앞 장에서 살펴보았듯이, 에베소서 1장 3절은 "찬송하리로다"라는 말씀으로 시작합니다. 에베소서가 찬양으로 시작하는 것은 의미가 있습니다. 신약의 교회는 밝습니다. 어둡지 않습니다. 어둠이 지워진 활기찬 공동체입니다. 구원받은 공동체입니다. 죄 사함을 받은 은혜가 풍성하게 있습니다. 하나님의 영광을 경험한 공동체입니다. 찬양은 어둡지 않습니다. 찬양은 이전의 우울한 분위기를 모두 걷어 냅니다. 그래서 오늘날 교회의 예배는 찬양으로 시작해서 찬양으로 마칩니다.

상황이 아무리 절망적이라 해도, 교회에서는 찬양을 합니다. 우리는 장례식장에서도 찬송을 부릅니다. 사람의 죽음 앞에서 부활을 노래합니다. 어둡거나 절망적인 분위기가 아닙니다. 우리를 절망하게 하고 불행하게 하는 요소가 없습니다. 신약의 교회는 부활의 공동체입니다. 그러므로 먼저 목회자의 얼굴이 밝아야 합니다. 우리는 세상에서 볼 수 없는 기쁨을 표현해야 합니다. 이것이 교회 공동체의 특징입니다. 우리의 얼굴에 복음이 나타나야 합니다. 우리의 삶에 복음이 드러나야 합니다. 목회자의 얼굴이 어둡거나 우수에 차 있으면 누가 그 교회에 다니려고 하겠습니까.

하나님의 은혜를 받으면 부드러워집니다. 큰아들이 목회의 길을 가기 전에 큰 은혜를 받았던 경험이 있습니다. 진로를 바꾸는 과정에서 하나님이 강력하게 역사하셨습니다. 저는 아들에게 목사가 되라고 말한 적이 없습니다. 아들이 대학을 졸업한 후 하나님이 아들에게 은혜를 부어 주셨습니다. 그때 저는 아들을 보며 은혜받은 사람의 특징이 어떠한가를 알았습니다. 은혜를 받고 나니 아들의 마음이 부드러워졌습니다. 어떤 것에도 상처를 받지 않았습니다. 무슨 말을 하든 다 포용했습니다. 저는 아들의 모습을 보며 '저것이 하나님의 은혜가 임할 때 나타나는 특징이구나'라고 생각했습니다. 경직되지 않고 편안

교회를 말하다

하고 부드러웠습니다. 밝았습니다. 언제나 "감사합니다"라고 말했습니다. 복음이 들어갔을 때 이렇게 변화됩니다. 하나님의 은혜로만 이런 일이 일어납니다.

다른 무엇보다 먼저 하나님을 알아 가야

에베소서 1장 17-19절을 보면 찬양이 기도로 바뀝니다. 바울의 목회적 관점에서 비롯한 기도입니다. '얼마나 기도하는가'보다 '무엇을 기도하는가'가 중요합니다. 기도의 양보다 기도의 질, 기도의 내용이 중요합니다. 기도의 내용이 그 사람의 신앙을 결정합니다.

우리는 바울의 기도를 통해 목양 기도의 모델을 배울 수 있습니다. 바울의 기도 속에 바울의 목회가 들어 있습니다.

첫째, 하나님을 아는 것이 바울의 가장 큰 관심이었습니다.

> 우리 주 예수 그리스도의 하나님, 영광의 아버지께서 지혜와 계시의 영을 너희에게 주사 하나님을 알게 하시고 엡 1:17

오늘날 목회자의 기도 첫 자리에 무엇이 있습니까? 바울이 기도한 내용과 같습니까? 상당수의 목회자들은 교회가 빨리 성장하게 해 달라고 기도합니다. 더 큰 건물로 확장하게 해 달라고 기도합니다. 좋은 일꾼을 많이 보내 달라고 기도합니다. 물론 그렇게 기도할 수 있습니다. 필요한 기도입니다. 그러나 바울의 관심은 목회자의 일반적인 관심과는 거리가 멀었습니다. 바울은 하나님을 아는 것에 관심이 있었습니다. 하나님을 아는 것이 그의 기도의 중심에 있었습니다.

바울은 왜 하나님을 알게 해 달라고 기도했습니까? 에베소 성도들은 이미 바울에게서 복음을 들어 하나님을 알고 있었습니다. 에베소서는 바울이 복음을 전한 에베소 성도들에게 쓴 편지입니다. 에베소서에는 바울의 강한 갈망이 담겨 있습니다. 바울은 에베소 성도들이 하나님을 지식적, 피상적으로 아는 것이 아니라, 깊이 알기를 원했습니다.

신앙의 문제는 하나님을 아는 지식의 결핍에서 비롯됩니다. 하나님을 알지 못하면서 하나님을 잘 믿을 수 있습니까? 하나님을 잘 믿으려 애쓴다고 하나님을 잘 믿을 수 있습니까? 이스라엘 역사의 비극도 하나님에 대한 무지에서 시작되었습니다. 하나님을 아는 지식의 결여 때문이었습니다. 이스라엘 백성은 하나님의 하나님 되심을 제대로 알지 못했습니다. 그래서 우상을 숭배했습니다. 왜 이스라엘 백성이 광야에서 수많은 기적을 경험했음에도 돌아서기만 하면 하나님을 원망하고 불평했습니까? 하나님을 알지 못했기 때문입니다.

교회의 모든 활동은 우리가 하나님을 알아 가는 데 필요한 과정이어야 합니다. 하나님을 알아 가는 것이 목적이 되어야 합니다. 그런데 우리는 소모품으로 일합니다. 업적과 결과를 만들어 내기 위해 일합니다. 이것은 성공주의의 결과입니다. 그러다 보면 성도가 도구가 되어 버립니다. 목회자는 성도를 이용하려고 합니다. 그 끝에는 피로가 가득합니다. 목회자도 힘들고, 성도도 지칩니다.

하나님과 친밀해져야 합니다. 하나님을 깊이 알아 가야 합니다. 하나님의 찬란한 영광으로 인해 할 말을 잊어야 합니다. 이것이 하나님

교회를 말하다

을 알아 가는 여행입니다. 하나님을 알아 가는 여행만큼 신나는 여행은 없습니다. 자연 경관을 보며 탄성이 터질 때가 있습니다. 찬양이 저절로 나옵니다. 모세는 하나님의 영광을 보고 싶어 했습니다. 수천 년의 기독교 역사 속에 그 누구도 하나님을 아는 여행의 끝에 도달하지 못했습니다. 하나님의 이름은 매우 높고, 매우 깊어 아무도 헤아릴 수 없습니다. 누구도 측량할 수 없습니다.

높은 산의 정상에 오르려면 베이스캠프를 반드시 거쳐야 합니다. 베이스캠프에서 어떻게 준비하는가에 따라 정상에 도달하는가, 도달할 수 없는가가 결정됩니다. 베이스캠프는 영적 고지에 이르는 데 중요한 곳입니다. 교회가 그런 곳입니다. 교회는 하나님을 소개하고 하나님의 영광을 사람들에게 보여 주는 곳이며, 하나님이 누구신가를 알게 하는 곳입니다. 하나님이 베푸시는 여행에 참여하게 하는 곳입니다.

교회의 초점, 목회의 초점이 어디에 있습니까? 목회자는 성경을 읽으면서 하나님이 누구신가를 생각해야 합니다. 매일 아침 말씀을 읽으며 말씀 속에서 하나님이 누구신가를 떠올려야 합니다. 우리는 하나님을 생각합니까, 하나님과 관련된 것을 생각합니까? 목회자는 성도들에게 하나님을 알아 가게 할 것인가, 하나님과 관련된 일에 참여하게 할 것인가를 고민하고 스스로 선택하게 해야 합니다. 교회학교 교사로 10년 동안 봉사했다면, 10년 동안 학생들을 가르치는 가운데 하나님을 얼마나 알게 되었는가가 중요합니다. 무슨 봉사를 하는가, 직분이 무엇인가는 중요하지 않습니다. 그것을 통해 하나님을 알아 가지 못한다면, 봉사하는 것과 직분이 오히려 위험해질 수 있습니다.

바울은 에베소 성도들이 하나님을 알아 가기를 원했습니다. 그래서 "우리 주 예수 그리스도의 하나님, 영광의 아버지께서 지혜와 계시의 영을 너희에게 주사 하나님을 알게 하시고"(엡 1:17)라고 기도했습니다.

하나님을 알아 가기 위해서 말씀을 읽어야 합니다. 말씀을 읽으며 '오늘의 교훈이 무엇인가'를 생각하기보다 말씀을 통해 하나님 그분을 알아 가야 합니다. 목회자가 설교할 때도 마찬가지입니다. 본문에서 하나님이 어떤 분이신가를 전해야 합니다. 말씀을 적용하는 것에 초점을 맞추면 설교가 공회전할 수 있습니다. 말씀 속에서 하나님을 충분히 드러내야 합니다. 하나님은 말씀을 통해 자신을 계시하십니다.

기도는 하나님과 교제하는 것입니다. 하나님께 초점을 맞춘 기도는 끝이 없습니다. 기도에는 틀이 없습니다. 우리는 기도를 통해 하나님과 교제해야 합니다. 말씀과 기도를 통해 하나님을 더 알아 가야 합니다. 말씀과 기도를 통해 하나님과의 교제가 깊어질 때, 하나님과 친밀해질 때 우리는 하나님을 신뢰할 수 있습니다. 하나님께 온전히 순종할 수 있습니다.

하나님을 아는 사람은 하나님과 시간을 가지기 위해 애씁니다. 하나님과 교제하는 즐거움을 알기 때문입니다. 제도화된 교회 안에서 자기 열심으로만 경건생활을 하는 사람은 쉽게 무너집니다. 모든 사역과 헌신은 하나님을 알아 가는 경험을 위해 필요한 것입니다. 이것은 굉장히 중요한 설정입니다. 하나님을 깊이 알수록 아는 만큼 헌신하게 됩니다. 하나님을 알지 못하고, 하나님과의 친밀함이 깊어지지 않은 상태에서 일하면 복잡해집니다. 신앙을 잘못 배우게 됩니다.

교회를 말하다

우리의 삶과 사역은 하나님과의 교제에서 흘러나와야 합니다. 요한복음 15장은 이 점을 우리에게 가장 잘 말해 줍니다. 예수님은 "나는 포도나무요 너희는 가지라 그가 내 안에, 내가 그 안에 거하면 사람이 열매를 많이 맺나니 나를 떠나서는 너희가 아무것도 할 수 없음이라"(요 15:5)라고 말씀하셨습니다.

교회 공동체의 힘은 하나님을 알아 가는 것에 있습니다. 목회자는 성도들을 하나님께로 인도해야 합니다. 하나님을 알게 해야 합니다. 목회자는 성도들로 하여금 하나님을 이전보다 더욱 사랑한다고 고백하게 해야 합니다. 하나님을 아는 것이 교회의 정체성이 되어야 합니다. 교회 운영 방법이나 프로젝트는 중요하지 않습니다. 하나님을 놓친 교회는 사람들의 놀이터가 됩니다.

에베소서 1장 17절에서 바울은 하나님을 알 수 있는 길을 언급했습니다. '지혜와 계시의 영'이 바로 그것입니다. 하나님은 영이십니다. 영이신 하나님을 우리가 어떻게 알 수 있습니까? 우리의 지식과 능력으로는 하나님을 알 수 없습니다. 그러므로 우리는 지혜와 계시의 영을 구해야 합니다. 성령의 도우심이 절대적으로 필요합니다. 성령은 지혜와 계시의 영이시기 때문입니다.

지혜의 끝은 어디입니까? 하나님을 아는 것입니다. 계시의 결론은 무엇입니까? 하나님을 아는 것입니다. 우리는 성령을 통해 하나님을 알 수 있습니다. 지혜와 계시의 영을 통해 하나님을 알 수 있습니다. 성령의 도우심이 없으면 하나님을 알 수 없습니다. 우리는 이 사실을 인정해야 합니다. 성령의 도우심이 없으면 하나님을 느낄 수도, 이해할 수도 없습니다. 예배와 모든 신앙생활이 불가능합니다. 교회는 성령의 공동체입니다. 성령이 우리를 이끌지 않으시고 돕지 않으시면 우리는 하나님을 알 수 없습니다.

우리는 바울처럼 "하나님을 알고 싶습니다. 하나님을 더 깊이 알고 싶습니다. 주여, 주의 영광을 제게 보여 주옵소서"라고 기도해야 합니다. 하나님을 아는 지식에 대해 목말라해야 합니다. 사역의 노하우, 프로그램을 잘 운영하는 것은 중요하지 않습니다. 기도의 우선순위가 중요합니다. 언제나 기도의 첫 자리에 하나님이 계셔야 합니다. 목회의 기술이 느는 것보다 중요한 것은 하나님을 더 알아 가는 것입니다.

여행을 하다 보면 가이드가 중요하다는 것을 느낍니다. 가이드는 자신이 본 곳까지 인도할 수 있습니다. 공동체의 목회자는 가이드와 같습니다. 영적 세계에서 자신이 경험한 곳까지 인도할 수 있습니다. 자신이 보지 못한 것을 사람들에게 보여 주지는 못합니다.

오늘날 한국 교회는 외형을 강조합니다. 이것이 오늘날 한국 교회가 처한 현실입니다. 열심히 했습니다. 그런데 지금은 백약이 무효합니다. 프로그램이 통하지 않습니다. 한국 교회가 왜 이렇게 연약해졌습니까? 교회가 하나님을 아는 데 관심을 갖지 않았기 때문입니다. 우리는 우선순위를 놓쳐서는 안 됩니다. 우선으로 생각해야 하는 것과 부수적인 것이 바뀌면 안 됩니다.

코로나19 이후에 그리스도인의 수가 30퍼센트 줄어들 것이라 예상합니다. 앞으로 코로나19의 후유증을 심하게 경험할 것입니다. 골다공증을 앓는 사람은 한 번 넘어지면 뼈가 다 부서집니다. 젊은 사람이 뼈가 부러진 것과 나이 든 사람이 뼈가 부러진 것은 다릅니다. 한국 교회는 현재 나이 들어 골다골증을 앓는 노인과 같은 위기 속에 있습니다. 지금 한국 교회는 청년이 아닙니다. 이래도 모이고 저래도 모이던 때와 많이 다릅니다.

공동체가 가진 힘은 어디로부터 나옵니까? 하나님을 아는 지식에서 나옵니다. 하나님을 아는 지식이 없으면 기술과 노하우를 강조할 수밖에 없습니다. 본질에 집중하지 않을수록 방법론이 난무합니다. 부수적인 데 에너지를 쏟습니다. 그러므로 교회의 세속화를 막을 수 없었습니다. 교회는 하나님의 신성(神性)에 도달하려 하기보다 상업주의에 더 매료되었습니다.

하나님을 깊이 알수록, 하나님을 알아 갈수록 하나님으로부터 주어진 복이 어떤 것인가를 알게 됩니다. 이것이 바울이 누린 은혜입니다. 하나님께 눈을 뜨니 하나님이 베푸신 은혜와 복이 얼마나 풍성한가가 보이기 시작했습니다. 자신이 누구인가가 보였습니다. 세상이 보였습니다. 성도들로 하여금 하나님을 깊이 알게 하는 것이 목회의 핵심입니다. 교회에서 무엇을 하든지 하나님을 알아 가는 것이 목표가 되어야 합니다. 큰일을 하는 것은 중요하지 않습니다. 위대하신 하나님을 알아 가는 것이 중요합니다. 하나님에 대한 관심이 깊어져야 합니다. 그렇지 않으면 교회는 길을 잃습니다.

하나님을 아는 지식으로 충만해질 때 교회가 새로워집니다. 예배가 깊어집니다. 교회에 활기가 생깁니다. 저절로 순종합니다. 하나님이 누구신가를 알면 하나님께 진정으로 헌신합니다. 헌신하도록 유도

하거나 설득하거나 헌신을 강요할 이유가 없습니다. 하나님을 알아 가면, 하나님이 누구신지 알면, 하나님과의 교제가 깊어지면 자신을 기꺼이 하나님 앞에 내어놓을 수 있습니다. 그러므로 바울의 기도가 우리 목회자들의 기도가 되어야 합니다. 세월이 흐를수록 하나님을 더욱 깊이 알아 가야 합니다. 하나님을 알아 가는 것이 우리의 첫 번째 기도 제목이 되어야 합니다.

마음의 눈을 밝혀 주소서
둘째, 바울은 마음의 눈을 열어 달라고 기도했습니다.

> 너희 마음의 눈을 밝히사 그의 부르심의 소망이 무엇이며 성도 안에서 그 기업의 영광의 풍성함이 무엇이며 엡 1:18

한 분야의 전문가에게는 특징이 있습니다. 그 분야를 확실하고 분명하게 알고 있습니다. 핵심을 꿰뚫고 있습니다. 혜안이 있습니다. 한 분야의 핵심을 꿰뚫는 것은 결코 쉽지 않습니다. 대부분의 사람들은 애매모호하게 압니다. 비전문가는 핵심에서 벗어난 것을 핵심으로 붙들고 있습니다. 그러나 전문가는 핵심을 분명하게 알고 있습니다. 핵심을 정확하게 파악하는 것이 능력입니다. 바울은 신앙의 핵심을 붙잡고 있었습니다. 그래서 바울은 영적 거장입니다. 그의 기도를 통해 신앙의 본질과 핵심을 배울 수 있습니다. 하나님을 아는 것이 신앙의 핵심입니다.

교회를 말하다

또한 바울은 하나님이 너희 마음의 눈을 밝혀 주시기를 기도한다고 말했습니다. 죄는 우리의 시각을 망가뜨렸습니다. 이것이 죄로 인한 참혹한 폐해입니다. 우리의 눈이 정상적으로 기능하지 않습니다. 에베소서 1장에서 살펴보았듯이, 바울이 누구를 위해 기도했습니까? 비신자를 위해서가 아니라 에베소 성도들을 위해 기도했습니다. 그리스도로 말미암아 구속함을 받고 성령으로 인 치심을 받은 하나님의 자녀들을 위해 기도했습니다. 그들이 성도가 되었음에도 불구하고 바울이 그들의 눈이 밝아지기를 위해서 기도한 이유가 무엇일까요?

에베소 성도들은 영적 시각에 문제가 있었기 때문입니다. 그들은 여전히 죄의 지배 아래 있었습니다. 죄성이 그들을 지배했습니다. 사도 요한은 이것을 가리켜 "안목의 정욕"(요일 2:16)이라고 말했습니다. 에베소 성도들은 현실의 이해득실을 좇느라 영적으로 시력을 잃었습니다. 바울은 에베소 성도들의 영적 안목을 위해 기도했습니다. 눈에서 비늘이 벗겨지기를 기도했습니다.

목회는 성도들의 영적 렌즈를 바꾸는 일입니다. 마태복음 6장 22절에서 예수님은 "눈은 몸의 등불이니 그러므로 네 눈이 성하면 온몸이 밝을 것이요"라고 말씀하셨습니다. 바울은 에베소 성도들이 마음의 눈이 밝아져서 부르심의 소망이 무엇인가를 보기 원했습니다. 하나님의 부르심, 이것은 신앙의 출발입니다. 하나님의 부르심은 우리가 사는 이유입니다. 우리가 숨을 쉬는 이유, 밥을 먹는 이유, 일어나야 하는 이유입니다.

바울은 '부르심의 소망'이라고 표현했습니다. 부르심과 소망이 어떤 연관이 있습니까? 하나님의 부르심에는 후회가 없습니다(롬 11:29).
실패가 없습니다. 힘들고 어려울지라도 반드시 소망을 이룰 것입니
다. 우리 목회자들은 성도들에게 이 사실을 심어 줘야 합니다. 지금은
힘들고 어렵지만 반드시 소망을 이룰 것이라고 말입니다.

부르심을 따라 살아가다가도 더 좋아 보이는 것이 나타납니다. 세
상 속에서 사는 성도들은 늘 갈등합니다. 세상에는 물 좋고 경치 좋은
곳이 많습니다. 그러나 세상에 있는 것이 아무리 좋아 보여도, 거기에
는 소망이 없습니다. 성도들은 현실 속에 빨려듭니다. 목회자가 성도
들에게 아무리 소망을 불러일으켜도, 성도들은 한 주간 세상의 진흙
탕 속에서 허우적거립니다. 그러다 주일이 되면 목회자는 성도들로
하여금 다시 소망을 보게 해야 합니다.

바울은 부르심의 소망을 주목했습니다. 다가올 영광을 바라보았습
니다. 가진 것이 없고, 세상적으로 자랑할 것이 없고, 육체는 시들어
가도 장차 이루어질 소망을 바라보는 시력이 있어야 합니다. 그리스
도 예수 안에 소망이 있습니다. 그리스도 예수 안에 있는 사람에게는
소망이 있습니다. 바울은 그 소망을 보았습니다. 그래서 에베소 성도
들을 소망으로 인도하기 원했습니다.

또한 바울은 에베소 성도들이 '성도 안에서 그 기업의 영광의 풍성
함이 무엇인지'를 알기 원했습니다. 여기서 '기업'은 영적 축복, 영적
유산을 의미합니다.

만물은 하나님의 소유입니다. 하나님은 우리를 그리스도 안에서
하나님의 아들이 되게 하셨습니다. 그러므로 우리는 하늘의 유업을

교회를 말하다

상속받습니다. 바울은 성도들로 하여금 위를 바라보게 했습니다. 하나님이 약속하신 기업을 보게 했습니다. 주위를 둘러보면 암 환자가 생각보다 많습니다. 4명 중 1명은 암이 생깁니다. 특별한 사람이 암 환자가 되는 것이 아닙니다. 누구든지 암 환자가 될 수 있습니다. 모든 사람은 죽습니다. 그러나 그리스도인과 세상 사람의 차이점이 무엇입니까? 그리스도인은 하늘의 유업을 받을 사람이라는 것입니다. 예수님을 믿는 사람은 죽을 준비를 하고 살아야 합니다. 바울의 고백이 맞습니다. "저는 빨리 천국에 가고 싶습니다. 그런데 하나님이 저를 이 땅에 있게 하셔서 제가 여기 있습니다."

바울은 하나님이 에베소 성도들의 영적 눈을 밝히셔서 부르심의 소망이 무엇인지, 성도 안에서 그 기업의 영광의 풍성함이 무엇인지 알기를 원했습니다. 부르심의 소망이 무엇인지, 성도 안에서 그 기업의 영광의 풍성함이 무엇인지 아는 사람은 유치하지 않고 품위가 있습니다. 그리스도인임에도 불구하고 이해득실 앞에서 얼굴빛이 달라지는 사람이 있습니다. 참으로 충격적입니다. 일평생 목회한 목회자도 마찬가지입니다. 마지막에 품위를 잃고 초라한 모습을 보입니다. 말씀과 거리가 멉니다. 영적으로 눈이 열리지 않았기 때문입니다.

그의 힘의 위력으로 역사하심을 따라 믿는 우리에게 베푸신 능력의 지극히 크심이 어떠한 것을 너희로 알게 하시기를 구하노라 그의 능력이 그리스도 안에서 역사하사 죽은 자들 가운데서 다시 살리시고 하늘에서 자기의 오른편에 앉히사

엡 1:19-20

여기서 '능력'은 죽은 자들 가운데서 다시 살리신 힘을 의미합니다. 죽음의 저주, 지옥의 권세를 걷어 내는 힘입니다. 부활은 단순히 다시 사는 것이 아닙니다. 부활의 권능은 영적 축복을 영원히 누리게 하는 힘입니다. 우리는 부활의 권능으로 말미암아 하늘의 신령한 복, 기업의 영광의 풍성함을 누립니다. 바울은 분명히 확신했습니다. 자신의 육체는 쇠하여 가고 죽음의 날이 다가오지만, 그는 낙심하지 않고 부활의 권능을 믿었습니다.

부활의 권능은 초대 교회 당시 하나님의 사람들에게 삶의 에너지였습니다. 박해 와중에도 힘 있게 살아가게 한 원동력이었습니다. 부활의 권능으로 인해 초대 교회의 성도들은 어떤 일이 닥쳐도 절망하지 않았습니다.

목회자는 성도들에게 부활의 권능을 확신하게 해야 합니다. 부활하면 하나님의 기업의 영광의 풍성함에 참여합니다. 그러므로 그리스도 안에서는 불행한 죽음이 없습니다. 세례 요한은 목이 베어 죽었습니다. 스데반은 돌에 맞아 죽었습니다. 얼마나 흉측했겠습니까. 그러나 이것은 멋진 죽음입니다. 죽음의 상태와 상관없습니다. 부활의 권능이 바울 안에서 강력하게 역사했습니다. 그래서 바울은 자신이 처한 상황에 눌리지 않았습니다. 예수님을 믿는 사람은 멋지게 죽어야 합니다. 부활의 권능, 하늘의 영광에 눈을 뜬 사람이기 때문입니다.

무엇을 보는가가 중요합니다. 보는 것이 미치는 영향력은 매우 큽니다. 하나님이 보여 주시는 것이 '비전'입니다. 그래서 바울은 에베소 성도들의 마음의 눈이 열리기를 기도했습니다. 영안이 열리지 않으면

교회를 말하다

어둠 가운데서 신령한 하늘의 복을 볼 수 없습니다. 병든 가치관에 사로잡힙니다. 이 세상을 전부라고 생각합니다. 물질적 풍요와 절대적 가치를 바꾸어 놓는 사탄의 유혹에 넘어갑니다. 성도들이 영적으로 눈이 열리지 않으면 교회가 세속화됩니다. 세상의 자랑이 교회 안에 들어옵니다.

수영로교회에서 부교역자로 사역했을 때의 일입니다. 당시 남천동은 부산의 부자들이 모여 사는 곳으로 유명했습니다. 그 지역을 4년 동안 맡아 사역하면서 돈이 많은 사람들을 보았습니다. 소위 사회적으로 잘나가는 사람들과 같이 성경을 공부하며 이야기를 많이 나누었습니다. 그때 세상의 자랑과 돈의 힘이 얼마나 허망한가를 느꼈습니다. 굉장히 좋은 공부를 했습니다.

바울은 하나님이 약속하신 바를 놓치지 않고 미래에 주어질 영광을 바라보았습니다. 헛된 것을 추구하지 않았습니다. 부르심의 소망을 분명하게 알았습니다. 기업의 영광의 풍성함이 무엇인지 알았습니다. 이것이 바울이 승리한 비결입니다.

우리는 바울처럼 기도해야 합니다. 그때 교회는 강력해지고 세상에 휘둘리지 않습니다. 그런데 지금 우리는 바울의 기도를 놓쳤습니다. 우리의 기도는 세속화되었습니다. 이제 우리는 마음의 눈을 밝혀 달라고 기도해야 합니다. 보아야 할 것을 보게 해 달라고 기도해야 합니다. 하나님이 약속하신 것이 얼마나 풍성한가를 보게 해 달라고, 지혜와 계시의 영을 주셔서 하나님을 알게 해 달라고 기도해야 합니다.

Chapter 5

그리스도,
교회의 중심

교회의 태동, 즉 교회의 출발은 매우 중요합니다. 처음 교회가 출발할 때 무슨 일이 있었는지, 누가 어떤 목적으로, 어떤 동기로 시작했는지를 잘 살펴봐야 합니다. 시작에서 이미 교회의 미래가 결정되기 때문입니다. 교회는 뜻이 맞는 몇 사람이 모여서 출발할 수 있는 것이 아닙니다. 때로 사람들이 외로움을 달래고자 모이는 교회도 있고, 인간적인 의기투합으로 뭉쳐진 교회도 종종 있습니다. 그런데 본질적으로 기업체나 학교나 정부 기관과 달리 독특하게 시작하는 공동체가 교회입니다.

많은 경우, 사람들이 교회에 대해서 오해를 하고 있습니다. 심지어 성도들도 예외가 아닙니다. 왜 교회가 쉽게 허물어지고 깨어지는지 의문을 가집니다. 사실 출발 단계에 문제가 있었음을 알아야 합니다. 사람이 세웠기 때문입니다. 사람이 세운 것은 허접할 수밖에 없습니다. 그리고 오래가지 않아서 사람들이 시작한 동기에 의해서 결국은 무너지게 되는 경우가 많습니다.

우리는 에베소서를 통해 "성경은 교회에 대해서 무엇이라고 말하는가?"라는 질문을 계속해서 던져야 합니다. 사실 에베소서를 다 꿰뚫고 단어 하나하나를 집중해서 살펴보는 것은 너무도 방대한 작업입니다. 우리가 가히 접근하기 어려운 심오하고 깊은 진리들이 담겨 있기 때문에 이해하기 힘든 대목들이 있습니다.

머리 되신 주님께 잘 붙어 있는가?

다행히 바울은 에베소서 1장 23절에서, 우리가 가장 잘 알고 있는 교회에 대한 정의를 이야기했습니다.

교회는 한마디로 그리스도의 몸입니다(엡 1:23). 사도행전 1장을 보면, 실제로 주님의 육체적 몸은 제자들이 보는 앞에서 승천하시고 지상에 다른 몸을 남겨 두셨는데, 그것이 바로 교회입니다. 그래서 우리는 교회를 '제2의 성육신'이라고 말합니다. 교회를 몸으로 비유한 것에는 비밀이 있습니다. 사람의 신체가 얼마나 신비롭습니까. 그러나 성 어거스틴(St. Augustine)은 "인간은 높은 산과 바다의 거대한 파도와 굽이치는 강물과 광활한 대양과 무수히 반짝이는 별을 보고 경탄하면서도 자기 자신의 몸은 별 생각 없이 지나친다"고 말했습니다. 우리는 몸의 신비를 깨달아야 합니다.

또한 바울은 교회와 그리스도의 관계를 몸과 머리로 비유합니다(엡 1:22). 영적인 결합이요, 신비로운 연합의 관계를 말해 줍니다. 머리와 몸의 관계는 교회의 가장 본질적인 요소입니다. 머리와 몸 사이에는 목이 아니라 생명이 있습니다. 몸에서 머리의 기능이 사라지면 곧바로 뇌사 상태에 빠지고 맙니다. 그래서 교회의 생명, 교회의 능력, 교회의 모든 것은 오직 머리 되신 그리스도와의 관계에 달려 있는 것입니다.

신체의 모든 신경 조직은 뇌의 통제를 받습니다. 뇌에서 명령을 내려야 손발이 움직이고 온몸이 활동합니다. 나이가 40세 이상이 되면 뇌혈관계와 심혈관계 두 가지를 가장 조심해야 합니다. 그중에서도 뇌혈관에 문제가 생기면 삶 자체가 정지될 수 있으니 정기적으로 확인해 주어야 합니다. 가느다란 실핏줄 하나라도 터지면 끝납니다.

교회를 말하다

주님이 교회의 머리가 되신다는 말씀은 교회의 주인이 그리스도시라는 것입니다. 또한 이는 몸의 머리는 오직 하나뿐이라는 의미도 있습니다. 주인이 한 분이시라는 것입니다. 오늘날 교회의 비극과 무능함이 여기서 출발합니다. 교회의 생사가 여기에 달려 있습니다. 교회의 주인이 오직 예수 그리스도시라는 것은 형식적이고 명목상의 대표성을 의미하는 것이 결코 아닙니다.

목회자가 모든 것을 주도해 가는 교회, 목회자의 교주화는 참 위험합니다. 이러한 목회자들은 교인들을 우민화합니다. 교회의 주인은 목회자도, 당회도, 창립 멤버의 가족들도, 헌금을 많이 내는 사람도 아닙니다. 제도화된 교회에는 피라미드형 권력 구조가 생기기 마련이고 목회자나 당회는 상층 구조의 지배 계층이 될 수 있습니다. 목회자나 당회가 절대 권력을 가지고 교회의 모든 것을 통제하는 교회가 있는데, 이는 빗나간 교회의 형태입니다. 전통적인 교회일수록 당회가 절대 권력을 가지는 구조가 되기 쉽습니다. 그러나 그러한 교회는 주님이 원하시는 주님의 교회가 아닙니다. 그리스도가 머리 되신 교회가 아닙니다. 교회의 주인은 오직 그리스도십니다. 교회의 머리는 오직 한 분밖에 없습니다.

다수의 회중이 교회의 주인 자리를 차지하는 경우도 있습니다. 교회는 하나님의 뜻보다 다수의 원리가 지배하는 유혹에 빠지기도 합니다. 민주적 절차라는 장점이 있긴 하지만, 다수가 주님의 뜻 위에 올라서는 경우가 역사 속에 종종 있어 왔습니다. 다수의 주장 안에 인간의 죄성이 숨어 있을 수 있습니다. 사실 예수님의 죽음도 종교 지도자들과 군중에 의해 이루어졌습니다. 그러므로 어떤 다수인가가 참 중요합니다. '성숙한 다수인가, 성숙한 공동체인가' 하는 문제입니다. 성숙한 공동체란 그리스도의 주 되심을 철저히 인정하고 성령의 인도하심에 민감한 공동체를 의미합니다. 그렇지 않으면 언제든지 다수의 횡포가 있을 수 있습니다. 왜냐하면 인간의 죄성 때문입니다. 그래서 어떤 일을 결정할 때마다 목회자뿐 아니라 당회원 및 제직들, 그리고 모든 성도가 하나님의 뜻을 묻는 분위기를 만들어 가야 합니다.

미성숙한 공동체 속의 성숙하지 않은 다수는 언제나 위험합니다. 그래서 모든 회중이 성숙한 결정을 내리기 위해서는 환경이나 문화, 전체적인 분위기가 만들어져 가야 합니다. 그리고 애매하고 분명하지 않으면 명확한 하나님의 뜻을 찾기 전까지 기다려야 합니다. 인간적 방식으로 쫓기면서 섣불리 결정을 내리면 결국 교회에 큰 시험거리가 됩니다.

주님이 교회의 머리가 되신다는 말은 '로드십'(Lordship, 그리스도의 주 되심, 주님의 왕 되심)의 문제입니다. 로드십이란 구체적으로 성도 한 사람, 한 사람이 주님의 절대적인 통치에 복종하게 하는 것, 평소에 말과 행동이 말씀의 통제를 받게 하는 훈련, 중요한 문제를 다룰 때마다 쉽게 결론을 내기보다는 하나님께 묻는 과정을 반드시 거치는 것 등을 의미합니다. 인간들의 소리가 아무런 여과 없이 나오도록 내버려 두면 대책 없이 커집니다. 50명이 모인 교회라도 한 사람이 자기의 목소리를 내기 시작하면 교회는 한순간에 혼란에 휩싸이고 맙니다. 그러나 교인 수가 1만 명이 되어도 조용하게 흘러갈 수 있습니다. 이는

교회를 말하다

교회 규모의 문제가 아닙니다. 대개 교회의 분열은 교회 내 머리가 너무 많아서 생깁니다.

명령을 내리는 일은 오직 머리 되신 그리스도의 고유한 역할입니다. 우리는 그분께 순종할 뿐, 누구도 그리스도의 머리 되심을 대신할 수 없습니다. 오늘날 많은 교회가 분쟁에 휩싸인 까닭은 평소에 로드십 훈련이 안 되어 있기 때문입니다. 날마다 주님의 왕 되심을 찬양하지만 실제 삶에서 문제가 터지면 각기 소견에 옳은 대로 행하는 것입니다. 춘추전국시대가 펼쳐져 모두 자기가 왕이 되려고 합니다. 교회는 분쟁이 한 번 일어나면 수습이 어렵기 때문에 분쟁이 일어나지 않도록 주의해야 합니다. 이를 위해서는 다음과 같은 질문을 항상 던지면서 로드십, 그리스도의 주 되심을 인정하는 삶을 훈련해야 합니다. "그리스도가 과연 우리 교회의 주인이신가? 혹시 내가 왕이 되려고 하지는 않는가?"

우리는 서로에 대해 명령하는 관계가 아니라, 오직 모두가 그리스도의 명령에 귀를 기울여야 합니다. 교회의 질서와 안정은 사람에 의해서 이루어지는 것이 아니기에 주님의 통치를 간절히 열망하는 회중들이 말하기보다 침묵하며 주님의 음성에 귀를 기울이는 훈련을 할 때 가능해집니다.

우리 교회에 좋은 문화가 있는데, '입 다물고 기도하기'입니다. 주님의 주권을 인정하며 입을 다물고 기도하는 가운데 그분의 음성에 귀를 기울이는 것입니다. 일이 좀 늦어지더라도, 주님의 통치를 기다리는 것보다 더 빠르고 안전한 길은 없습니다. 주님의 교회는 우리가 지키는 것이 아니고 주님이 책임지십니다. 우리가 할 일은 주님을 신뢰하고 최종적으로 그분께 맡기는 것입니다. 우리가 가질 태도는 머리의 명령을 따라 순종하고 자기가 있어야 할 자리를 지키는 것입니다. 어떤 경우에도 머리가 되려고 해서는 안 됩니다.

'교회가 머리 되신 주님께 잘 붙어 있는가?' 이것이 바로 교회의 생명력입니다. 교회의 모든 성도가 동일하게 한 분 그리스도를 주인으로 모시고 그분께 복종할 때 교회는 생명력을 가집니다. 머리에 붙어 있기만 하면 그 교회를 감당할 자가 없습니다. 그리스도를 머리로 인정할 때 공동체 안에 엄청난 능력이 나타납니다.

> 그의 능력이 그리스도 안에서 역사하사 죽은 자들 가운데서 다시 살리시고 하늘에서 자기의 오른편에 앉히사 모든 통치와 권세와 능력과 주권과 이 세상뿐 아니라 오는 세상에 일컫는 모든 이름 위에 뛰어나게 하시고 엡 1:20-21

모든 만물이 예수님의 발아래 복종하게 하는 능력은 주님의 공생애 가운데 입증되었습니다. 주님은 "내 교회를 세우리니 음부의 권세가 이기지 못하리라"(마 16:18)라고 말씀하셨습니다. 사도행전의 교회가 그런 주님의 능력을 드러냈습니다. 오늘의 교회도 바로 그 능력을 회복해야 합니다.

사실 교회론에 더 집중해야 할 때가 오늘날처럼 절실한 적이 없습니다. 왜 교회의 영광을 회복해야 합니까? 그리스도의 몸이기 때문입니다. 몸이 갈기갈기 찢어지고 흐물흐물해져 교회의 영광이 쇠해져

교회를 말하다

있어서는 안 됩니다. 교회는 사람들이 고안해서 만든 곳이 아닙니다. 교회는 그리스도의 신부로서의 자태를 잃어버려서는 안 됩니다. 교회는 품위와 고상한 품격을 드러내야 합니다.

그럼에도 지상의 교회는 불안하기 그지없습니다. 교회 안에서 별일이 다 일어납니다. 우리가 생각하는 것보다 훨씬 더 심각한 문제들을 가지고 있을 수 있습니다. 대표적인 예로 고린도 교회가 그러했습니다. 근친상간에, 파당은 말할 것도 없고, 온갖 유치한 싸움이 일어났습니다. 그럼에도 주님은 지상의 교회에 대한 기대를 포기하지 않으셨습니다. 주님의 몸의 영광스러움을 세상에 비출 수 있는 유일한 곳이 교회이기 때문에 주님은 지상에 교회를 남겨 두시고 지금도 일하고 계십니다.

우리는 한순간이라도 교회가 그리스도의 몸이라고 하는, 주님이 피와 살로 빚으시고 만드신 존귀한 몸이라는 인식을 놓쳐서는 안 됩니다. 이 세상에서 주님의 몸을 회복시키는 것이 우리의 사명이고, 우리의 소망이고, 그것만이 유일하게 망가진 이 세상의 대안입니다. 따라서 우리는 주님이 본래 계획하신 대로 건강한 몸을 세우기 위해 힘써야 하고, 머리 되신 그리스도의 통치를 날마다 받으며 살아가야 합니다. 그때 주님의 몸 안에서 나오는 생명의 부요함을 날마다 누리게 될 것입니다.

교회의 출발 지점, 소망 없음

에베소서 2장은 교회의 출발 지점에 무엇이 있었는지, 교회가 어디에 속해 있는지, 그리고 교회를 출발할 때 인간은 어떤 상태였는지 등을 알려 줍니다. 즉 우리가 상대하고 구원으로 이끌어야 할 교회를 구성하는 사람들이 누구인가를 2장 앞부분은 이야기하고 있습니다.

가끔 우리 주변에는 누가 봐도 착한 사람, 법 없이도 살 사람이라고 흔히 말하는 사람이 있습니다. 남들의 평가가 아닐지라도 자기 스스로 생각해도, 일평생 남에게 한 번도 해를 끼친 적 없이 살아왔다고 은근히 자부하는 사람이 있을 것입니다. 그러나 그럴지라도 "나는 죄가 없다"고 말할 수 있는 사람은 이 세상에 존재하지 않습니다. 다른 사람에게 직접적인 피해를 입히지는 않았지만 적극적으로 다른 사람에게 선을 베풀지 않은 죄가 얼마나 큰지요.

인간론을 이해하는 것은 교회를 세워 가는 데 매우 중요합니다. 교회의 출발 지점은 전혀 소망이 없는 상태입니다. 죄인들의 집합소로서 절망적인 상태이며, 그대로 두면 기대할 것이 아무것도 없습니다. 이러한 인간의 상태를 이해해야 교회의 역할이 나옵니다. 왜 교회가 존재하는가를 보여 주는 것입니다. 그렇지 않으면 목회는 일종의 '시체에게 화장을 해 주는 일'을 하는 것입니다. 죽은 자에게 아무리 예쁘게 화장해 준들 무슨 소용이 있겠습니까.

그는 허물과 죄로 죽었던 너희를 살리셨도다 엡 2:1

인간은 허물과 죄로 죽었던 존재, 완전히 죽었던 자입니다. 인간에 대한 하나님의 판정입니다. 여기서 죽음은 영적인 죽음을 의미하며,

교회를 말하다

영원한 죽음에 이를 수밖에 없는 상태를 말합니다. 죽은 자의 가장 뚜렷한 특징은 무감각, 무반응입니다. 그러므로 영적인 일에 전혀 반응하지 않는 회중을 만날 때 전혀 이상하게 여기지 마십시오. 그들은 본래 그랬고, 아직도 죽어 있는 사람들입니다. 부동산, 주식, 달러 환율, 가십들, 정치 이야기 등 세상에서 일어나는 일에는 너무도 관심이 많고, 해박한데 영적인 부분에서는 완전히 죽어 있습니다.

영적으로 죽었다는 것은 또 다른 의미로서, 죄에 대한 감각이 없다는 뜻입니다. 인간은 공통적으로 '죄인'이라는 말에 거부 반응을 보입니다. 죄에 대한 합리화가 얼마나 능숙한지 모릅니다. 그래서 남의 죄에 대해서는 민감하게 반응하지만 자신의 죄는 미화하고 감춥니다. 그러니까 자연히 죄에 대한 깊은 참회를 찾아볼 수가 없습니다. "나는 죄인입니다"라는 말을 할 줄 모릅니다. 인간 안에 있는 무서운 자존심입니다.

우리는 '허물과 죄로 죽었다'라는 말을 좀 더 심각하게 들여다보아야 합니다. 옛 사람의 실체를 성경이 정확하게 진단한 것입니다. 더 이상 소망이 없다는 의미입니다. 건강한가, 병들었는가의 문제가 아니라 이미 썩어 버린 최악의 상태입니다. 한 가지 차이가 있다면 부패 정도밖에 없습니다. 세상적으로 떵떵거리든, 권력을 가지고 있든 불구덩이에 던져질 나무토막이 바싹 말라 가는 것과 똑같습니다.

교회는 좋은 상태에서 출발하고 있지 않습니다. 교회는 죄인들의 공동체로서 겉으로 보면 소망이 전혀 없습니다. 인간에 대한 깊은 탄식이 목회자들에게서 나와야 합니다. 허물과 죄로 죽어 있는 사람들의 영혼의 상태를 인식해야 합니다.

> 그때에 너희는 그 가운데서 행하여 이 세상 풍조를 따르고 공중의 권세 잡은 자
> 를 따랐으니 곧 지금 불순종의 아들들 가운데서 역사하는 영이라 전에는 우리
> 도 다 그 가운데서 우리 육체의 욕심을 따라 지내며 육체와 마음의 원하는 것을
> 하여 다른 이들과 같이 본질상 진노의 자녀이었더니 엡 2:2-3

이 말씀은 영적 죽음의 상태를 불순종으로 표현합니다. '불순종의 아들들 가운데서 역사하는 영'은 곧 하나님에 대한 반역을 의미합니다. 우리는 내부적으로는 인간의 죄성의 지배를 받는 욕망 때문에 불순종의 모습을 나타내고, 외부적으로는 세속적이고 잡다한 세상의 풍조에 둘러싸여 있습니다. 더 심각한 것은 이 둘 사이에서 사탄이 부채질하고 있다는 것입니다. 불난 집에 기름을 붓는 것입니다. 그래서 인간은 온몸에 성한 곳이 없습니다.

바울은 '공중의 권세 잡은 자'를 언급하는데, 인간의 배후에서 활동하는 악의 영의 실체를 이야기한 것입니다. 성경은 사탄에 대해서 다양하게 표현합니다. '이 세상의 임금', '귀신의 왕', '이 시대의 신' 등 모든 기관과 세상의 구조 속에 존재하는 눈에 보이지 않는 실세가 사탄입니다. 영적으로 죽은 인간은 사탄의 권세 아래 있습니다. 교회가 직면해야 하는 싸움의 대상을 바울은 정확하게 보여 주고 있습니다.

'공중의 권세를 잡았다'라는 말은 잘 보이지 않지만 실재하는 능력이라는 의미입니다. 인간의 악한 죄성을 마음껏 발휘하도록 가이드해

교회를 말하다

주는 것입니다. 그러니까 영적으로 죽은 자들은 마귀와의 동행, 사탄의 임재처럼 그 속에서 살아가고 있는 것입니다. 그들에게 하나님의 말씀을 전하면 하나님의 말씀을 아예 듣지 않습니다. 심지어 분노하고 대들기도 합니다. 사탄의 손아귀에 잡혀 있기 때문입니다. 교회는 영적 전쟁이 가장 치열한 곳입니다.

바울은 에베소서 6장에서 이 싸움은 혈과 육의 싸움이 아니라면서 영적 전쟁에 대해 설명합니다. 예수님도 공생애를 시작하실 때 영적 전쟁을 치르셨고, 십자가에 가실 때까지 사탄의 공격을 받으셨습니다. 에덴동산에서 벌어진 아담과 하와의 범죄 이후에 계속해서 끊임없이 지상의 교회는 사탄의 노략질 범위 안에 있는 것입니다. 전쟁입니다. 목회자가 기도하지 않으면 사탄의 권한에 교회의 모든 것을 위임게 됩니다. 목회자에게는 교회와 성도들을 지키기 위한 영적 전쟁으로서의 기도가 필요합니다. 지금도 굉장히 큰 영적 전쟁이 벌어지고 있다는 사실을 기억하고 영적 이해력을 가져야 합니다.

허물과 죄로 죽었던 자, 불순종의 영으로 가득 차 있는 자, 그리고 그들을 조종하는 마귀의 세력이 바로 교회의 출발 지점에 있는 이 세상의 상태입니다. 성경은 인간의 모습이 "본질상 진노의 자녀"(엡 2:3)였다고 말합니다. 아담의 후예로 태어난 사람이라면 예외 없이 부여받게 되는 끔찍한 이름이고 신분입니다. 진노의 자녀를 키운다고 생각해 보십시오. 끔찍한 일이 아닙니까. 인간의 모습에 대한 성경의 증언은 바로 이처럼 머리부터 발끝까지 죄로 오염되어 있는 존재라는 것입니다. 존 칼빈은 이를 가리켜 '전적 타락'이라고 말했습니다. 스스로 구원을 얻을 수 있는 가능성이 0.1퍼센트도 없는 존재라는 의미입니다. 그런 우리에게 누군가가 끊임없이 복음을 전했기 때문에 주께서 이끌어 주셔서 하나님 앞에 오게 된 것입니다.

에베소서 2장 1-3절을 보면, 인간의 너무 어두운 모습을 계속 비추고 있습니다. 음침한 괴기 영화 같은 장면을 비 오는 날 보는 것 같습니다. 나열되어 있는 단어 하나하나를 보면 얼마나 심각합니까. '허물과 죄', '공중의 권세 잡은 자', '불순종의 아들들', '육체의 욕심', '본질상 진노의 자녀' 등 더 이상 내려갈 곳이 없는 바로 이 모습이 교회가 직면한 세상의 참상입니다. 결코 간단하지가 않습니다.

교회는 철저히 구원 공동체다

에베소서 2장 4절은 영어 성경으로 보면 '그러나'(but)라는 반전의 단어로 시작됩니다. 죽음과 저주의 그림자를 말끔히 걷어 내는 전환의 코드가 있습니다.

[그러나] 긍휼이 풍성하신 하나님이 우리를 사랑하신 그 큰 사랑을 인하여 엡 2:4

우리 안에는 죄와 죽음의 세력을 몰아낼 능력이 없습니다. 전혀 다른 힘이 외부로부터 주어져야 가능합니다. 인간을 짓누르고 있는 죄의 무게보다 더 큰 힘이 주어져야 구원으로 이끌릴 수 있습니다(엡 1:20-21).

바울은 5절에서 "허물로 죽은 우리를 그리스도와 함께 살리셨고

(너희는 은혜로 구원을 받은 것이라)", 6절에서 "또 함께 일으키사 그리스도 예수 안에서 함께 하늘에 앉히시니"라고 말합니다. 4절의 앞과 뒤가 극과 극을 달리는 것입니다. 이 반전의 키는 긍휼이 풍성하신 하나님, 우리를 사랑하시는 하나님의 큰 사랑입니다.

우리는 가끔 내가 무슨 노력을 하면 될 것처럼 생각합니다. 하나님을 만나기 전까지는 환상이고, 인간의 착각입니다. 인간은 스스로는 구원에 이를 수 없습니다. 인간의 어떤 노력도 더러운 옷과 같습니다. 구원은 하나님의 일방적인 은혜의 손길이 아니면 꿈도 꿀 수 없는 일입니다. 그래서 구원을 위한 유일한 근거가 무엇입니까?

> 너희는 그 은혜에 의하여 믿음으로 말미암아 구원을 받았으니 이것은 너희에게서 난 것이 아니요 하나님의 선물이라 엡 2:8

구원은 하나님의 선물이며, 그 선물은 오직 믿음으로만 얻습니다. 마르틴 루터(Martin Luther)가 여기에 생명을 걸었습니다. 로마서와 갈라디아서 및 성경 전체가 강조하는 것은 결국은 구원이란 인간의 노력이나 행위로 되는 것이 아니고 하나님이 그리스도를 통해 이루어 놓으신 죄 사함의 은혜를 믿음으로 그대로 받아들이는 것이라는 사실입니다.

이 구원의 중심에 무엇이 있습니까? 십자가 사건이 있습니다. 십자가를 받아들인다는 것은 그냥 믿는 것이 아니라, 내가 얼마나 심각한 죄인인지를 인정하는 태도를 포함합니다. 그래서 십자가를 부인하는 것만큼 교만한 태도는 없습니다. 십자가를 깊이 인정할 때 비로소 그 사람은 구원에 이르게 됩니다. 그리고 그것을 겸손이라고 이야기합니다. 결국 십자가를 받아들여야 겸손인 것입니다. '나는 십자가밖에는 붙잡을 것이 없는 죄인'임을 깨닫는 것이 은혜입니다. 기독교의 구원의 진리가 이처럼 간단하고 쉽다는 것이 얼마나 큰 은혜인지요.

교회는 구원의 공동체입니다. 하나님이 이처럼 허물과 죄로 죽었던 자를 하나님의 은혜에 의하여 믿음으로 말미암아 구원하시는 놀라운 반전이 교회의 한가운데 놓여 있습니다. 우리 교회의 중심에 이 같은 구원의 반전 사건이 놓여서 회심이 계속적으로 일어나고 있습니까? 인간의 밑자리 본질부터 건들고 그리스도의 십자가로 이끌어 구원에 이르게 하는 구원 역사가 일어나 온전히 돌이켜 회심하는 사건을 경험하고 하나님의 백성으로 유입되는 이 사건이 교회 안에 일상이 되어야 합니다. 죄성이 지배하는 공동체가 아니라 하나님의 은혜가 지배하는 공동체가 되어야 합니다. 옛 사람은 죽고 새사람이 되는 분명한 변화를 볼 수 있어야 합니다.

구원의 사건이 없는 사람들, 돌이키는 회심 사건이 없고 변화 없는 사람들이 모인 교회는 심각합니다. 그런 이들이 목회자, 장로, 권사, 집사가 되면 그 교회는 어려워집니다. 안타깝게도 오늘날 그런 교회가 매우 많습니다. 다들 썩은 냄새를 풍긴 채 가면 무도회를 합니다. 장사치들이 모여 자기의 지분을 교환하는 공동체일 뿐입니다. 죄의 종노릇하고 불순종하는 영의 지배를 받는 사람들이 그 상태로 모여 있으면 교회는 난장판이 됩니다. 그러면 교회는 단지 근사해 보이는 종교인들을 양산하는 곳이 되어 버립니다.

'교회에 복음으로 뒤덮인 새사람이 되는 역사가 일어나고 있는가?' 여기에 모든 것이 달려 있습니다. 구원받은 사람이 다른 사람의 영혼에 관심을 가져 그를 구원으로 이끌어야 합니다. 구원을 경험한 사람이 구원의 경험을 자연스럽게 나누는 것입니다. 그러면 전도할 때 상을 내거는 등 복음을 값싸게 만들지 않아도 됩니다. 복음의 힘이 부족하다면서 세상의 힘을 빌리다가는 우선은 되는 것 같은데 시간이 지날수록 다 안되게 되어 있습니다. 우리는 기독교를 저가 판매해서는 안 됩니다. 복음으로 충분합니다. 복음은 위력이 있습니다. 복음을 복음으로 전하면 되는 것입니다.

누구든지 그리스도의 복음을 이해하고 깨닫고 경험한 만큼 복음을 나눕니다. 교회를 움직이는 힘도 복음입니다. 무엇으로 사람들을 움직입니까? 많은 사람이 교회 직분으로 사람들을 움직이려고 합니다. 그러나 교회를 움직이는 힘은 복음뿐입니다.

그런데 이에 대해 실제적으로 많이 듣기도 하고 알기는 아는데 구체적으로 어떻게 작동하는지를 경험해 보지 않은 경우가 너무 많습니다. 인간이 만든 어떤 방법과 신기술을 동원해도 실패합니다. 신약의 교회는 영광스러운 복음의 능력을 충분하게 입증했기에 교회가 너무 복잡한 프로그램으로 사람들을 끌어모으려고 하지 않아도 되었습니다. 그러나 복음이 약화되면 불안해지고 초조해져서 별 프로그램을 도입하고, 마케팅 방법을 동원해 인본주의 목회가 저절로 되고, 그러다 교회는 추락합니다.

교회사에 기록된 하나님의 사람들은 지독한 고통과 혼란 속에서도 하나님을 위해 살았습니다. 그들로 하여금 그 삶을 살게 한 동력은 어디로부터 온 것입니까? 복음입니다. 세상적으로는 아무것도 보장되지 않아도 진노 중에서 살리신 하나님의 놀라운 은혜를 힘입어 그 긍휼하심으로 구원받은 백성들이 교회를 세웁니다. 그런 의미로 교회에서는 계속적으로 구원 사건이 일어나야 합니다. 이를 위해 우리는 순수 복음을 외쳐야 합니다. 세련되고 멋진 목회자가 되려고 애쓰기보다 순수 복음을 전하면 됩니다. 망가지고 깨어지고 소망이 없이 살던 사람들을 구원의 길로 인도하는 것이 교회의 존재 이유입니다.

교회의 우선순위에 하나 됨이 있습니다. 그리스도 안에서 하나 됨은 교회의 본질입니다. 그래서 예수님은 "화평하게 하는 자는 복이 있나니 그들이 하나님의 아들이라 일컬음을 받을 것임이요"(마 5:9)라고 말씀하셨습니다. 또한 예수님은 요한복음 17장 21-23절, 예수님의 위대한 기도에서도 제자들이 하나 되게 해 달라고 기도하셨습니다.

하나 됨은 핵심적인 교회 원리로서, 다른 것을 다 잃어버리더라도 포기할 수 없는 교회의 본질입니다. 하나 됨이 깨어지면 이후에 교회가 할 수 있는 일은 아무것도 없습니다. 하나 됨은 교회론적 관점에서 원리요, 본질이고, 우리가 붙잡아야 할 우선순위입니다. 따라서 교회의 하나 됨이 깨지면 교회는 교회로서의 모습을 잃어버리고 세상과 똑같아집니다. 세상은 날마다 분열과 대립과 갈등과 불일치 속에 있기에 하나 됨을 이룰 수 없습니다. 물리적으로 가능할지 모르지만 진정한 하나 됨은 흉내도 낼 수 없습니다. 그런데 교회는 하나 됨이 가능한 곳임을 보여 주어야 합니다.

교회는 분열되면 능력을 잃어버립니다. 강력하게 하나 됨을 붙잡고 있어야 합니다. 다른 일은 안 해도 되고, 늦어도 되고, 축소시켜도 되지만, 하나 됨을 깨뜨리면 안 됩니다. 하나됨이 깨지면 아무것도 할 수 없습니다. 그래서 교회에서 사역을 할 때도 너무 투쟁적으로 하지 않아야 합니다. 오늘날 안타까운 것은 교회가 도리어 분쟁의 요인을 제공할 때가 있다는 것입니다.

분쟁과 불일치를 해결할 수 있는 길은 오직 예수님의 복음밖에 없습니다. 복음은 모든 장벽을 무너뜨립니다. 복음이 강한 교회는 화목합니다. 하나님이 교회에 주신 사명은 하나 됨을 이루는 것이고, 오늘날 교회는 하나 됨을 온전히 이루어야 합니다. 사역 현장에서 화해가 모든 영역에 흘러가도록 하는 일에 우리 교회가 쓰임 받아야 합니다. 그것이 교회가 세상 가운데 존재해야 하는 이유입니다.

Chapter 6

함께 세워가는
공동체

교회가 어떤 곳인지 잘 알아야 신앙생활이 행복할 수 있습니다. 그때 성도가 누구인지를 알고, 교회 안에서 나를 발견할 수 있습니다. 바울은 그의 서신에서 다양한 형태의 은유를 사용해서 교회를 소개합니다.

하나님의 권속, '나와 너'의 만남

에베소서 2장 19절에서는 '하나님의 권속'이라는 단어를 사용했습니다. '권속'이란 '가족'이라는 의미입니다. 예수님을 믿는 가정들이 모여서 큰 가족이 된 것입니다. 앞서 에베소서 1장에서 바울은 하나님이 우리를 "자기의 아들들이 되게 하셨으니"(엡 1:5)라고 말했습니다. 우리는 모두 예수 그리스도의 피로 하나님의 자녀가 되었고, 교회는 하나님을 아버지로 모신 자녀들이 모인 아버지의 가정입니다. 다양한 사람들이 모였지만 예수 그리스도의 피로 자녀가 되었습니다. 사회적 신분과 혈통을 뛰어넘어 그리스도의 피로 묶인 공동체입니다.

예수님의 피는 공동체를 묶는 중요한 요소입니다. 혈육으로 된 가족의 결속력은 강하지만, 이 세상에서 끝이 납니다. 그러나 예수님을 믿어 그 피로 언약의 공동체 안에 들어온 그리스도인들은 현세부터 영원까지 한 가족이 됩니다. 사실 예수님을 믿지 않는 가족들은 혈육이기 때문에 가깝고 정이 있지만, 실제적으로는 거리감이 있습니다. 가치나 삶의 목표, 방향이 다르기 때문입니다.

가족의 특징이 무엇입니까? 가족은 편안합니다. 누구도 내치지 않고, 부족하고 허물이 있어도 끊임없이 받아 줍니다. 아침에 눈을 뜨면 머리는 뒤집어지고, 화장을 지운 얼굴에, 옷도 구겨졌지만 가족들을 대하는 데는 전혀 부담스럽지 않고 어색하지 않습니다. 세상의 조직은 긴장감이 많지만, 가족 관계는 편안합니다. 교회라는 가정은 어떤 사람이라도 받아 주는 곳이 되어야 합니다. 그래서 주님의 교회, 아버지의 집은 품이 굉장히 넓습니다.

> 그러므로 이제부터 너희는 외인도 아니요 나그네도 아니요 오직 성도들과 동일한 시민이요 하나님의 권속이라 엡 2:19

바울은 예수 그리스도의 공동체 안에 들어온 사람이라면 누구도 외인이 아니라고 했습니다. 모두 소속된 사람입니다. 호텔에 가 보면 수많은 사람이 들락날락하지만, 자기 목적을 성취하고 나면 미련 없이 떠납니다. 그 호텔과 상관이 없습니다. 그러나 교회는 호텔이 아닙니다. 자기 목적을 이루면 끝나는 관계가 아닙니다.

요즘 대형 교회에서는 등록을 해도 심방을 거부하는 성도들이 있습니다. 적당한 거리를 두고 예배만 드리며 지내고 싶다는 표현입니다. 그러나 사실 이것은 교회의 의미는 아닙니다. 바울이 본 하나님의 교회의 그림은 가족 공동체입니다. 성경은 관계에 관심이 많고, 관계를 중요하게 여깁니다. 하나님이 인간을 창조하신 이유는 인간과 관계를 맺기 원하셨기 때문입니다. 하나님이 아담을 지으시고 그 완벽한 환경 속에서 보기에 좋지 않았던 것이 하나 있었는데, 아담이 홀로 있는 것이었습니다. 물론 수직적으로는 하나님과 교제하지만, 수평

교회를 말하다

적으로 따뜻한 관계가 없을 때 완벽한 에덴동산에서도 아담이 행복해 보이지 않으셨던 것입니다. 그래서 하나님은 하와를 만드시고 아담이 하와와 관계를 맺음으로 진정한 행복을 맛보게 하셨습니다.

최근에는 소통이 사회의 화두입니다. 그런데 소통이라는 말보다 더 중요한 것이 '관계'입니다. 관계를 맺으려면 공동체 안으로 들어가야 합니다. 공동체 안에서 함께 교제해야 합니다. 바울이 말한 '하나님의 권속'이라는 말은 '식구'의 개념입니다. 식구는 늘 같이 밥을 먹습니다. 식탁에서 함께 교제하는 관계입니다. 요즘 가족의 해체 위기에는 여러 요인이 있지만, 그중 하나가 밥을 같이 먹지 않으면서 서로 다른 삶을 사는 것입니다. 가족은 밥을 같이 먹어야 합니다. 가족 안에서 사랑을 나누는 것이 중요합니다.

복음서를 보면 예수님도 식탁 교제를 많이 하셨습니다. 초대를 거절하신 적이 없고, 함께 음식을 드시는 장면이 많습니다. 오병이어 사건에서부터 가나 혼인 잔칫집의 일들을 보면 예수님이 식탁을 중요하게 여기셨다는 것을 알 수 있습니다. "누구든지 내 음성을 듣고 문을 열면 내가 그에게로 들어가 그와 더불어 먹고 그는 나와 더불어 먹으리라"(계 3:20)라고 말씀하셨고, 마지막 성만찬에서도 "받아서 먹으라"(마 26:26)라고 하셨습니다.

진짜 친한 사람은 같이 먹습니다. 집에 초대받아 밥을 먹는 것은 가족이라는 의미입니다. 밥을 같이 먹자는 것은 친해지자는 의미입니다. 먹으면서 정이 드는 것입니다. 신자가 된 것은 식구가 되었다는 의미입니다. 교회는 공적으로 예배만 드리고 끝나는 것이 아니고, 서로 삶을 함께하는 관계여야 진정한 교회의 모습이 될 수 있습니다. 신자라면 모두가 이 가족 관계 안으로 부름을 받았습니다. 내가 인정을 하든, 안 하든 모두는 그리스도의 피로 묶여 한 아버지를 모시고 살아가는 가족 관계인 것입니다. 우리는 이 점을 인정해야 합니다.

가족끼리는 갈등도 일어나고 싸움도 합니다. 그러나 그 싸움은 가정 안에서의 싸움이지 적과의 싸움이 아닙니다. 사실 우리는 가정 안에서 별것 아닌 시시한 일로 싸웁니다. 사소한 말 한마디에 시비가 붙지만, 다음 날이 되면 또 같이 삽니다. 이것이 우리의 삶입니다. 마찬가지로 교회도 싸우면서 사는 것입니다. 싸워도 원수로 대적하는 것이 아니고 가족 관계 안에서처럼 싸웁니다. 싸움이 없는 곳을 찾지 마십시오. 지상에서 주님이 오실 그날까지 미운 정, 고운 정 들면서 살아가는 것이 우리 삶입니다.

현대인들에게는 큰 병이 있습니다. 외로움입니다. 오늘날은 모든 것이 자동이고 풍요로운 세상이지만, 사람들은 외로움에 떨고 있습니다. 이전보다 사람들과 관계를 맺는 일에 상당한 어려움을 겪고 있는 것이 사실입니다. 관계를 맺는 법을 잘 모릅니다. 요즘 아이들은 기계 문화에 많이 익숙해져서인지 친밀한 관계를 못 맺습니다. 컴퓨터에서 게임을 하지만 기계는 사람을 대하는 것과 다릅니다. '나와 이것'의 만남에서는 진정한 친밀감이 일어날 수 없습니다. '나와 너'의 만남이어야 합니다.

현대인들은 아는 사람은 너무나 많지만 정작 내가 필요할 때 전화를 걸 만큼 친밀한 사람은 없습니다. 행복은 관계 안에 있습니다. 지중

교회를 말하다

해 연안의 멋진 경치를 바라보며 좋은 음식을 먹으면 뭐합니까? 홀로 있다면 소용없습니다. 최고로 좋은 운동은 함께하는 운동입니다. 최고로 맛있는 음식은 함께 먹는 음식입니다. 함께 가는 곳이 가장 좋은 곳입니다. 혼자 골프를 치다가 홀인원이 되었는데 아무도 봐 주는 사람이 없다면 재미가 없습니다. 친밀한 관계에 있는 사람은 우울증에 걸리지 않는다고 합니다. 요즘 노인들이 치매의 위험에 노출되어 있는 원인은 친밀한 관계가 없기 때문이라고 합니다. 친밀한 관계가 있으면 면역력이 높아집니다. 성경적인 교제는 친밀함을 나누는 가족 관계입니다. 하나님이 그 가족 관계로 우리를 부르셨습니다.

바울이 말하는 하나님의 권속, 식구로 삶을 함께 나누는 신앙의 공동체를 통해 결속감을 가질 때 이 세상을 이길 수 있도록 하나님이 우리에게 교회를 선물로 주셨습니다. 그리스도 안에서 그리스도의 이름으로 함께 모여 있을 때 그 안에서 주어지는 생명력은 우리가 이 세상에서 경험해 보지 못한 강력한 힘, 신비로운 힘입니다. 이 세상의 어떤 어려움도 이기게 만드는 힘입니다.

서로 연결하여 함께 지어져 가는 교회

너희는 사도들과 선지자들의 터 위에 세우심을 입은 자라 그리스도 예수께서 친히 모퉁잇돌이 되셨느니라 엡 2:20

사도들과 선지자들의 터 위에 교회가 세워졌다는 것은 사도들과 선지자들이 남겨 놓은 신약 성경과 구약 성경이 교회의 터라는 뜻입니다. 그래서 교회는 가르치는 사역이 중요합니다. 주일 예배도 상당 부분이 설교이고, 많은 프로그램 중에 가르치는 사역의 비중이 큽니다. 교역자가 많은 이유도 말씀을 가르치는 데 주력하기 때문입니다. 사도행전의 초대 교회에서도 사도들이 해야 할 많은 사역 중에 "기도하는 일과 말씀 사역"(행 6:4)에 힘쓰라고 한 이유는 말씀 사역이 교회가 교회다워지는 데 중요한 일이기 때문입니다.

친목회가 많고 모임이 재미있으면 교회가 되는 것이 아닙니다. 하나님의 말씀으로 우리의 신앙이 자리를 잡아야 합니다. 이 일을 놓치면 신앙이 늘 제자리걸음을 걷게 됩니다. 교회의 많은 프로그램에 적극적으로 참여해서 하나님의 말씀으로 기초를 놓는다면 신앙생활이 재미있습니다. 말씀을 통해 신앙이 다져지고 그 위에 말씀이 점점 쌓이면 이 세상과 비교할 수 없는 즐거움이 교회생활 안에서 이루어집니다.

요즘에는 콘크리트로 집을 짓지만 이전에는 집을 짓기 시작할 때 주춧돌을 놓았습니다. 특히 모퉁잇돌이 중요한 이유는 어떤 돌을 놓으냐에 따라 건물의 규모와 방향, 형태가 결정되기 때문입니다. 모퉁잇돌을 중심으로 양쪽으로 돌을 쌓았습니다. 바울은 비유하기를, 예수님이 모퉁잇돌이 되시고 양쪽에 쌓는 돌이 그리스도인들이라고 이야기합니다. 이처럼 그리스도인들이 서로 연결되어 하나님의 성전이 됩니다. 그리스도가 모퉁이에서 중심을 잡으시고, 우리는 그리스도를 중심으로 연결되어야 합니다. 내가 그리스도와 연결되어 있을 때 그리스도와 연결된 또 다른 사람들이 모입니다. 우리는 철저하게 그리스도와 연결되어야 합니다.

그리스도를 중심으로 모인 공동체는 연결이 특징입니다. 몸과 몸이 연결되었을 때 생명력이 있습니다. 손만 있으면 그것은 몸이 아닙니다. 오른손이 왼손을 부정할 수 없고, 모두 한 몸임을 인정할 때 연합이 이루어집니다. 우리가 해야 할 일은 그리스도께 연결되는 것입니다. 그렇게 연결된 사람들은 또 다른 그리스도인들과 연결되기를 원합니다.

이런 노력들은 사실상 소그룹에서 이루어져야 합니다. 소그룹에 들어갔을 때 그리스도의 몸에 붙어 있다는 것을 인식할 수 있습니다. 그리스도의 몸 안에 붙어 있을 때 하나님이 주시는 축복은 굉장히 큽니다.

> 그의 안에서 건물마다 서로 연결하여 주 안에서 성전이 되어 가고 너희도 성령 안에서 하나님이 거하실 처소가 되기 위하여 그리스도 예수 안에서 함께 지어져 가느니라 엡 2:21-22

또 우리가 노력해야 할 것은 '서로 연결하여' '함께 지어져' 가는 것입니다. '함께', '서로'라는 말은 굉장히 중요합니다. '함께'라는 개념을 잃어버리면 교회는 존재할 수가 없습니다. 물론 개인적으로 예수님을 믿게 되었지만, 하나님은 우리가 예수님을 믿는 순간부터 하나님의 가정의 일원이 되게 하셨습니다. 우리는 대가족의 구성원이 된 것입니다.

홀로 있으면 성숙할 수 없고, 완성이 안 됩니다. 함께 있을 때 완성되는 것은 하나님의 원리입니다. 함께 있어야 살고, 함께할 때 교회가 됩니다. 우리는 함께하도록 부르심을 받았습니다. 행복이 어디에서 옵니까? 함께할 때 옵니다. 모든 치유와 회복은 공동체 안에서 함께할 때 이루어집니다.

옛날에 성전을 지을 때는 생김새가 다양한 돌들을 그대로 사용했습니다. 출애굽기를 보면 제단을 쌓을 때 정으로 돌을 쪼지 말라고 했습니다(출 20:25). 이것은 돌의 모양 그대로 사용하라는 뜻입니다. 있는 그대로 끼워 맞춰서 만들어 가야 하는 것입니다. 우리나라의 돌담도 그렇습니다. 다양한 돌들을 모양 그대로 끼워서 멋지고 가지런하게 담을 쌓은 모습을 보면 참 멋있습니다.

교회도 마찬가지입니다. 교회에는 다양한 사람들이 모였습니다. 성격이나 배경, 경험, 기질, 어떤 일에 대한 관점과 생각이 다릅니다. 이해나 반응, 은사도 다릅니다. 그래서 어떤 때는 절망이 됩니다. 사실 함께한다는 것은 어려운 일입니다. 그런데 사도 바울은 자신은 모든 사람에게 모든 모양이 된다고 말했습니다(고전 9:22). 상대방을 내 마음에 맞게 바꾸어서 사귀는 것이 아니고, 진리가 아닌 이상 그 사람에게 맞추어 주는 것입니다.

돌담을 만들 때도 큰 돌만 있으면 돌담을 완성할 수가 없습니다. 튀어나온 돌이 있으면 그 사이에 다른 돌이 들어가면 됩니다. 서로 맞추는 것입니다. 물의 원리와 같습니다. 물은 컵에 맞게 담깁니다. 물이 자기 형태를 가지고 있으면 컵에 들어가지 못합니다. 물은 '줏대가 없

교회를 말하다

다'고 표현할 수도 있지만, 한편으로는 성숙한 사람을 말합니다. 자기 고집과 방식, 주장을 일관되게 고집한다면 미성숙한 사람입니다. 자기 소리를 내려놓을 수 있는 절제는 공동체에서 함께하는 태도입니다. 찬양대는 내가 노래를 잘하는 것보다 다른 사람과 하모니를 이루는 것이 중요합니다. 가정에서든, 직장에서든 함께하는 법을 배우지 못하면 외톨이가 됩니다. 외톨이는 다른 사람이 만든 것이 아니고 스스로 만든 경우가 많습니다.

교회는 더불어 세워 가는 공동체입니다. 어떤 부부는 끊임없이 서로를 바꾸려고 몸부림치며 상처받고 깨지다가 결국은 '안 바뀐다'로 결론지었습니다. 내가 바뀌어야 합니다. 내가 바뀌면 상대가 바뀌어 있습니다. 좋은 교회는 어떤 곳입니까? 문제가 없는 사람들이 모인 곳이 아닙니다. 그런 곳은 없습니다. 희한한 사람들이 있어도 서로 품어 주는 교회가 성숙한 공동체입니다. 하나님은 문제가 있는 사람들과 함께하는 가운데 우리를 성숙하게 하십니다.

태종대 바닷가에 가면 자갈길이 있습니다. 그 자갈들을 보면 모가 나지 않았습니다. 수없이 돌고 돌면서 서로가 엉키고 깎여 둥글둥글해진 것입니다. 우리 주변에는 모나고 까다롭고 문제가 있는 사람들이 반드시 있습니다. 하나님이 그런 사람들을 두신 이유는 나를 다듬어 가시기 위함입니다. 모난 사람을 견딜 수 없다는 것은 나도 모가 났다는 반증입니다. 둥글둥글한 사람은 모두와 잘 어울립니다. 교만한 사람이 눈에 보이는 이유는 내가 교만하기 때문입니다. 겸손한 사람은 교만한 사람이 눈에 보이지 않습니다.

우리는 다른 사람과 부딪히면서 변화되어 갑니다. 때로는 실망하지만 도전받기도 합니다. 다른 사람의 실수와 연약함을 보면서 배워 가는 것입니다. 나도 저 사람과 다를 바가 없고, 내 안에는 그 이상의 부족함이 있다는 사실을 발견하는 것입니다. 관계 안에서 자아를 발견하게 됩니다. '내가 저 정도의 사람도 품지 못하는구나. 이 정도의 문제도 극복하지 못하는 수준이구나' 하면서 내 연약함이 보이고, 다른 사람의 모습 속에서 자기 변화를 할 동기를 부여받게 되는 것입니다.

공동체 안에서 관계를 거부한다면 편안할지는 몰라도 성숙과는 멀어집니다. 함께하면서 관계를 통해 하나님의 나라를 경험하고 함께 지어져 가야 합니다. 소그룹 안으로 깊이 들어가시기를 바랍니다. 그 안에서 주시는 하나님의 은혜가 있을 줄 믿습니다.

교회와 신자는 아직 '공사 중'

에베소서 2장에서 마지막으로 바울이 강조하는 것은 21-22절, "성전이 되어 가고", "함께 지어져 가느니라"라는 말씀입니다. 중요한 것은 현재진행형이고 완성을 향해 가고 있다는 것입니다. 우리는 건물로 치면 준공 검사가 이루어지지 않은 공사판과 같습니다. "공사 중"이라는 안내 문구는 우리의 모습입니다. "낙석을 조심하시오", "먼지가 많이 나고 통행에 불편을 드려 매우 죄송합니다"라는 문구와 같이 우리는 아직 '공사 중'입니다. 우리로 인해 머리가 깨진 사람도 있고, 상처받은 사람도 있는 이유는 우리가 '공사 중'이기 때문입니다.

아직도 교회는 미완성입니다. 교회가 불완전하다는 것은 무엇보다

나 자신을 보면 압니다. 교회는 죄인들의 모임입니다. 싸움과 갈등이 있는 것은 당연합니다. 그러나 이런 싸움들이 점점 덜 유치하게 발전하고 고상해져 가는 것이 우리 삶의 변화입니다. 속도가 너무 느려서 절망할 때도 있지만 교회를 세워 나가시는 건축자는 그리스도시고, 건물을 완성시키시는 분은 하나님이십니다. 그러므로 여기에서 중요한 단어는 '주 안에서'입니다. 완성은 하나님의 손에 있습니다.

우리는 불완전하고, 교회는 미약해 보이지만 하나님이 언젠가 완성하실 것입니다. 지금 우리는 부족함이 많고 엉성하고 실망할 때가 많지만, 그럼에도 하나님은 지상의 교회를 통해서 하나님의 뜻을 이루어 가십니다. 가족 같은 교회, 하나님의 말씀이 기초된 교회, 함께 세워져 가는 교회로 조금씩 발전되는 것입니다. 우리가 가지는 소망은 여기에 있습니다. 우리는 부족하지만, 하나님이 우리를 완전한 모습으로 변화시켜 주실 그날이 올 것입니다. 그래서 우리는 미완의 부끄러움을 털고 영광스러운 완성의 그날을 바라보면서 공동체 안에서 각자에게 주어진 역할에 최선을 다해야 합니다.

나와 다른 사람들과 함께 공동체를 만들어 가는 것은 모험입니다. 그러나 교회에 대해 무관심한 것보다 교회 안에 들어가는 편이 훨씬 더 낫습니다. 교회 안에서 상처를 치유받을 수 있기 때문입니다. 관계를 통해서 상처를 받기도 하지만, 사랑의 관계를 통해서 상처가 회복되기도 합니다. 상처를 받아 떠난다면 더 이상 회복의 길은 없습니다.

오늘날 사람들은 소외되고 있습니다. 현대 사회는 점점 더 발전되고 있지만, 개인주의는 더 심화되고 있습니다. 그래서 사람들은 고립

되고 외로움을 더 겪습니다. 이 모든 문제를 근본적으로 해결할 수 있는 방법은 이 세상에 없습니다. 하나님이 이 세상에 주신 기막힌 선물인 그리스도의 공동체 없이 산다는 것은 불행한 일입니다. 하나님은 그리스도의 공동체를 통해 생명을 공급하시고, 세상을 이길 능력과 사랑을 베푸십니다.

그리스도인들은 홀로 존재하지 않고 서로 연결되어 헌신해야 합니다. 그때 공동체 안에서 내 영혼이 살고, 다른 사람도 살리고, 하나님의 나라를 확장하는 역사가 일어납니다. 개인은 약하지만 그리스도의 공동체는 강합니다.

하나님의 교회는 사도행전에서 12명의 사도들로 출발했지만, 기독교 2000년의 역사 속에서 지금도 온 세상에서 강력하게 확장되고 있습니다. 비록 우리가 보기에는 연약하고 실망하기도 하지만, 주님은 오늘도 불완전한 교회를 통해 하나님의 뜻을 이루어 가십니다. 생각해 보면 학창 시절에 제가 다녔던 교회들도 완전하지 않았습니다. 때로는 안타까움을 가진 적도 있었습니다. 하지만 '만약 그 교회가 없었다면 오늘의 내가 존재할까? 신앙생활을 할 수 있었을까?' 하는 생각이 듭니다. 하나님은 연약하지만 교회를 사용하시고, 지상에서 하나님의 뜻을 이루시며, 구원의 역사를 완성해 가십니다.

가족 관계를 느낄 수 있는 소그룹으로 들어가십시오. 우리는 모두 가족입니다. 주님이 오시는 날까지 힘겹고 어려운 믿음의 길에 서로 위로하고 격려하고 그리스도의 사랑을 나누며 기댈 수 있는 믿음의 동역자가 있다는 사실이야말로 하나님이 우리에게 주신 놀라운 축복입니다.

친밀한 관계가 없는 이 시대에 강력한 그리스도의 생명과 따스한 온기를 느낄 수 있는 교회의 가족이 되고, 삶의 애환을 함께 나누는 믿음의 삶을 살 때 이전에 느끼지 못했던 주님의 임재를 느낄 것입니다. 믿음의 길을 홀로 걷지 않기를 바랍니다. 연약하고, 모순이 있고, 실망스러운 교회 공동체 안에 들어간다는 것은 위험해 보이지만, 홀로 있는 것이 더 위험합니다.

하나님의 공동체는 하나님이 우리를 보호하기 위해 주신 지상의 유일한 곳입니다. 교회만큼 안전한 곳은 없습니다. 그리스도가 우리를 사랑하셔서 남겨 놓으신 지상의 그리스도의 몸, 교회의 관계 안으로 깊이 들어가십시오. 삶은 관계입니다. 행복은 관계에서 옵니다. 친밀함은 우리 삶의 행복의 핵심입니다. 관계 안으로 깊이 들어가 주님의 교회를 세워야 합니다.

Part 3

하나님의,
하나님을 위한,
하나님에 의한

: 교회의 존재 이유

Chapter 7

교회,
그 능력의 비밀

오늘날은 스펙(spec)이 중요한 시대입니다. 그러나 바울은 스펙을 이야기하지 않고 스토리(story)를 이야기합니다. 예수 그리스도와 얽힌 스토리입니다. 사실은 오늘의 일상도 마찬가지로 스펙의 싸움이 아니라 스토리의 싸움입니다. 그리스도인에게는 스토리가 있어야 합니다. 우리의 스토리는 하나님과 얽힌 스토리입니다.

드러난 그리스도의 비밀
에베소서 3장에서 바울은 어떤 형편에 있습니까?

> 이러므로 그리스도 예수의 일로 너희 이방인을 위하여 갇힌 자 된 나 바울이 말하거니와 … 그러므로 너희에게 구하노니 너희를 위한 나의 여러 환난에 대하여 낙심하지 말라 이는 너희의 영광이니라 엡 3:1, 13

'이방인을 위하여 갇힌 자 된 나 바울'과 '환난'이 나오는데, 이는 바울이 감옥에 갇혀 있음을 이야기하며, 에베소 성도들에게 자신의 투옥으로 인하여 염려하지 말라며 그들을 안심시키는 내용입니다. 그러면서 그는 "이는 너희의 영광이니라"라고 말합니다. 사도행전 28장 16, 30절에 의하면, 바울은 로마 황제에게 상소를 했고 재판을 받기 위해 대기하고자 갇혀 있는 상태였습니다.

바울은 여기서 자기소개를 매우 멋있게 합니다. 바울은 복음을 위해 감옥을 드나들었습니다. 바울은 비록 죄수이지만 '예수의 일로' 갇힌 자였습니다. 그는 자신을 '이방인을 위하여', 그리고 '갇힌 자 된 나 바울'이라고 소개했습니다. 우리는 누군가를 처음 만날 때 어떻게 소개합니까? 혹은 어떤 사람으로 소개되기를 원합니까? 바울은 아주 선명하게 군더더기 하나 없이 자기소개를 했습니다.

바울은 감옥에 갇혀 있지만 자기 영혼은 자유롭다는 것을 느꼈습니다. 왜냐하면 그리스도께 매여 있었기 때문입니다. 즉 바울은 한 분의 다스림만 받고 있었던 것입니다. 비록 로마의 권력에 의해서 감옥에 있지만 바울을 다스리시는 분은 하나님 한 분이셨습니다. 그래서 그는 감옥에서도 복음을 전하고 편지를 쓸 수 있었던 것입니다. 영혼이 자유로웠기 때문입니다.

우리는 지금 있는 모습 그대로의 삶을 하나님께 드려야 합니다. 그냥 드리면 됩니다. 복잡하지 않습니다. 그냥 드리면 하나님이 알아서 우리의 모양대로 우리의 수준대로 쓰십니다. 부족하면 부족한 대로 하나님이 쓰십니다. 그러므로 중요한 사실은 하나님이 쓰시지 못할 사람은 없다는 것입니다.

바울이 그리스도의 비밀을 알게 된 방법이 3절에 나옵니다.

곧 계시로 내게 비밀을 알게 하신 것은 내가 먼저 간단히 기록함과 같으니 엡 3:3

하나님이 계시로 바울에게 비밀을 알게 하셨다는 것입니다. 중요한 것은 하나님이 비밀을 드러내신 것입니다. '계시'라는 말은 '드러내다', '뚜껑을 열다'라는 뜻입니다. 바울은 하나님으로부터 직접 계시를 받았습니다. 바울에게 사도권이 있는 것입니다. 사도는 하나님으로부

교회를 말하다

터 직접적인 계시를 받은 사람입니다. 오늘날은 사도직이 필요 없습니다. 정경인 말씀이 완전하게 충족되어 우리의 구원을 이루기에 충분한 계시이기 때문에 이제는 계시가 종결되었다고 합니다.

성경 계시는 종결되었으며 계시의 완성 및 계시의 충족성으로 인해 우리는 하나님의 말씀을 모든 것의 기준으로 삼아야 합니다. 그래서 우리는 죽으나 사나 성경을 붙잡아야 합니다. 말씀보다 더 위력 있는 것은 없습니다. 말씀을 통하여 진짜 도전받아야 합니다. 주관적인 경험을 따라 하지 말고 객관적인 진리를 따라야 합니다.

3절에서 '비밀'은 곧 '복음'을 말합니다. 그래서 성경 창세기부터 요한계시록까지 모든 계시의 중심에는 복음이 있습니다. 지금도 마찬가지입니다. 성경을 통하여 비밀이 다 드러났습니다. 그러나 어떤 사람에게는 완전히 닫혀 있습니다. 비밀인 것입니다. 그리고 우리에게는 그 비밀이 다 열려 있습니다. 우리는 성경을 통하여 복음과 비밀을 발견했습니다. 우리가 그 복음 안으로 들어가 보니 하나님의 본심이 있는 것입니다. 그리고 하나님의 구원의 광대한 뜻과 계획이 성경 안에 드러나 있습니다.

우리는 결국은 이 비밀을 통해 하나님의 마음과 통하게 되고 하나님의 계획과 목적을 알게 됩니다. 이것은 엄청난 일입니다. 창조주이신 하나님이 모든 창조와 구속의 계획과 목적을 하나님의 백성에게 알려 주신다는 것입니다. 그 비밀을 아는 사람은 다른 사람의 말에도 아랑곳하지 않고 묵묵히 그 길을 걸어갑니다. 하나님이 우리를 완전히 다른 세계로 초대해 주신 것입니다.

그런데 그리스도의 비밀을 알게 된 사도 바울은 어떻게 하나님의 일꾼이 되었습니까?

이 복음을 위하여 그의 능력이 역사하시는 대로 내게 주신 하나님의 은혜의 선물을 따라 내가 일꾼이 되었노라 엡 3:7

'그의 능력이 역사하시는 대로'라는 말은 우리의 능력이나 재주나 경험이 아니라 하나님의 능력이라는 것입니다. 그러면서 바울은 이어서 자신이 "지극히 작은 자보다 더 작은"(엡 3:8) 자라고 고백했습니다. 자신이 위대한 종이라고 하지 않았습니다. 위선적으로 자신을 낮추는 모습도 아니고, 자기비하도 아닙니다. 여기서 바울의 고백은 하나님이 얼마나 위대하신가를 강조합니다. 하나님이 하신 일과 인간이 한 일을 비교하면 금방 알 수 있습니다. 바울은 하나님이 자신에게 주신 은혜가 너무 크다고 말한 것입니다.

겸손하려고 해서 겸손해지지 않습니다. 아무리 애를 써도 안 됩니다. 그래서 바울은 자신에게 맡겨진 사역들을 자신의 힘으로 할 수 있다고 말하지 않았습니다. 하나님의 은혜에 의해서 소명을 받았고, 하나님의 능력의 역사하심에 따라 사역들을 수행할 수 있었다고 말합니다.

우리 힘으로는 안 됩니다. 내가 하면 될 것처럼 교만하면 안 됩니다. 성경은 예외가 없습니다. 하나님은 잘난 사람은 한번 푸욱 담가 풀을 죽여 놓고 시작하십니다. 광야를 반드시 경험해야 합니다. 광야 학교에는 학위가 있습니다. 'DD'(doctor of desert)입니다. 우리는 광야를 통과해야 합니다. 그래야 겸손해집니다.

그렇다면 하나님이 왜 그리스도의 비밀을 계시해 주셨습니까?

모든 성도 중에 지극히 작은 자보다 더 작은 나에게 이 은혜를 주신 것은 측량할 수 없는 그리스도의 풍성함을 이방인에게 전하게 하시고 영원부터 만물을 창조하신 하나님 속에 감추어졌던 비밀의 경륜이 어떠한 것을 드러내게 하려 하심이라 엡 3:8-9

첫 번째 이유는 그리스도의 풍성함을 이방인에게 전하게 하시려는 것입니다. 바울은 이방인에게 복음을 전하는 사도가 되었습니다. 비밀을 발견한 자가 해야 하는 일은 그 풍성한 비밀을 나만 알고 있는 것이 아니라 이방인에게 전하는 것입니다.

전도는 미련한 방법입니다. 하나님은 그 미련한 방법을 사용하십니다. 전혀 믿을 것 같지 않은 사람이 내가 툭 던진 한마디에 반응을 합니다. 지금도 복음을 기다리는 사람들이 너무나 많습니다. 우리는 그들에게 일단 예수님을 믿으라고 전해야 합니다.

1시간짜리 복음을 듣고 교회에 온 사람이 있다면, 그에게 그것이 복음의 전부가 아님을 밝히고 더 깊은 복음의 비밀을 알려 주어야 합니다. "와서 보라"라는 말씀을 듣고 교회에 왔으면 이제 '측량할 수 없는 그리스도의 은혜'를 보여 주어야 합니다. 지금 바울은 그 은혜의 신비가 얼마나 깊고 다양하고 풍성한지 설명할 수 없을 정도라고 표현합니다. 십자가라는 프리즘 하나에 천 가지, 만 가지 빛이 비치기 때문입니다. '측량할 수 없다'는 바울의 표현은 인간의 어떤 필설로, 인간의 발자취로 도저히 추적할 수 없는 세계가 있다는 의미입니다. 그 비밀을 계속 발견해 가고 있는 사람은 목이 마릅니다. 더 알고 싶어집니다. 그러나 그 비밀을 발견하지 못한 사람은 교회만 다닐 뿐 더 깊고 풍성한 은혜가 무엇인지 알지 못합니다.

하나님이 그리스도의 비밀을 계시해 주신 두 번째 중요한 이유는 비밀의 경륜을 드러내시기 위해서입니다. 비밀의 경륜은 곧 교회입니다. 하나님은 교회를 통하여 하나님의 나라를 드러내고자 하십니다. 이처럼 교회는 중요합니다. 하나님이 다루시고 이루어 가시는 것은 개인에게만 머물러 있지 않습니다. 하나님의 큰 그림을 보아야 합니다.

전도의 목적은 교회 성장이 아닙니다. 중요한 것은 우리가 교회를 세상의 희망으로, 세상 사람들이 동경하는 공동체로 만들어야 한다는 것입니다. 신자들이 세상 한가운데에서 법을 지키고 다른 가치관을 가지고 살아가서 세상 사람들이 신자들을 보며 '이 세상이 아닌 다른 무엇인가'를 보게 해야 합니다.

모이는 교회와 흩어지는 교회, 두 종류가 있습니다. 모이는 교회로만 있으면 아무 영향력이 없습니다. 모이는 교회뿐만 아니라 흩어지는 교회도 되어야 합니다. 우리가 주일에 모이는 목적은 흩어지기 위해서입니다. 모이기만 하면 안 되고 흩어져야 합니다. 왜냐하면 교회로서 우리가 하늘의 비밀한 경륜을 일상 속에 드러내기 위함입니다.

교회는 예수님을 믿는 우리 각 사람입니다. 그러므로 흩어져 있는 그곳이 교회입니다. '흩어지는 교회'라는 의미에서 우리의 삶은 너무나 중요합니다. 교회는 세상에 비밀을 드러내는 곳입니다. 그래서 우리는 어떤 형태로든 하나님의 목소리가 되어야 합니다. 세상이 하나님을 알게 되는, 복음의 비밀을 알리는 역할을 교회가 해야 하는 것입니다. 그래서 우리의 일상은 굉장히 중요합니다. 어디서든 교회로서의 우리를 보여 주어야 합니다.

믿지 않는 가족 및 직장 동료가 누구를 통하여 하나님을 알겠습니까? 우리가 그 유일한 창구입니다. 복음의 비밀을 드러내는 것이 우리의 사명입니다. 우리는 전도해야 하고, 삶으로 보여 주어야 합니다. 또한 교회라는 공동체를 통하여 하나님의 비밀의 경륜을 드러내야 합니다.

환난 중에도 낙심하지 않을 수 있는 이유

성도가 여러 환난 중에도 낙심하지 않을 수 있는 이유는 무엇입니까?

그러므로 너희에게 구하노니 너희를 위한 나의 여러 환난에 대하여 낙심하지 말라 이는 너희의 영광이니라 엡 3:13

바울은 사명을 위해 당하는 고난에 대해 긍정적으로 생각해 오히려 고난을 기뻐했습니다. 그리스도인인 우리는 세상을 살아갈 때 고난과 시련을 만납니다. 중요한 것은 '무엇을 위해 고난을 당할 것인가'입니다. 하나님 나라를 위해, 복음을 위해 고난을 당할 때 우리는 결코 낙심하지 않을 수 있다는 것입니다. 그것이 우리가 하나님으로부터 부르심을 받은 사명이기 때문입니다.

하나님은 그리스도의 비밀을 알게 하는 사역을 어디에 맡기셨습니까?

이는 이제 교회로 말미암아 하늘에 있는 통치자들과 권세들에게 하나님의 각종 지혜를 알게 하려 하심이니 엡 3:10

교회는 하나님의 지혜를 드러내야 합니다. 하나님의 지혜란 복음입니다. 복음은 만물을 사탄의 지배로부터 풀려나서 해방되게 하고 만물을 통일하게 하시려는 하나님의 계획입니다. 그러므로 하나님의 영원한 목적을 이룰 곳은 오직 교회뿐입니다.

백범 김구 선생은 "교회 하나를 세우면 경찰서, 파출소 몇 개가 없어져도 된다"고 말했습니다. 교회의 역할이 얼마나 중요한지를 이야기한 것입니다. 인간의 범죄로 타락한 세상을 바꾸어 놓을 수 있는 것이 무엇입니까? 이념으로 가능할까요? 이미 이념으로 안 된다는 것은 구소련이 붕괴되면서 같이 무너진 공산주의 이념이 보여 주었습니다. 오직 교회만 이 일을 할 수 있습니다.

'역사'를 영어로 'history'라고 하는데, 이는 'his story', 즉 '그분(그리스도)의 이야기'입니다. 모든 역사는 그리스도의 이야기입니다. BC(Before Christ, 주전)와 AD(Anno Domini, 주후)를 가르는 한가운데 그리스도가 계십니다. 복음의 이야기를 빼면 아무것도 없습니다. 바로 이 비밀이 그리스도 안에 있다고 에베소서 3장은 말합니다.

복음은 우주적입니다. 한 개인의 삶뿐만 아니라 한 조직, 한 도시, 한 나라, 온 세상을 바꿀 수 있는 능력이 복음 안에 있습니다. 이 사실

교회를 말하다

은 우리를 흥분하게 합니다. 그러니까 우리가 교회를 섬긴다는 것은 엄청난 의미가 있는 것입니다. 하나님은 우주적인 변화를 가져오고, 회복을 초대하는 복음의 능력을 실어 나르는 도구로 교회를 사용하십니다. 그 일에 우리가 부르심을 받았습니다.

교회를 위한 바울의 세 가지 기도

바울은 그리스도의 비밀을 맡은 교회를 위해 세 가지 기도를 했습니다.

> 그의 영광의 풍성함을 따라 그의 성령으로 말미암아 너희 속사람을 능력으로 강건하게 하시오며 믿음으로 말미암아 그리스도께서 너희 마음에 계시게 하시옵고 너희가 사랑 가운데서 뿌리가 박히고 터가 굳어져서 능히 모든 성도와 함께 지식에 넘치는 그리스도의 사랑을 알고 그 너비와 길이와 높이와 깊이가 어떠함을 깨달아 하나님의 모든 충만하신 것으로 너희에게 충만하게 하시기를 구하노라 엡 3:16-19

첫째, 속사람을 능력으로 강건하게 해 달라는 것입니다. 성령의 내주하심으로 인한 강건함을 의미합니다. 여기서 '속사람'이라는 표현이 매우 중요합니다. 겉모양이 아니라 속사람의 강건함, 내적인 강건함을 뜻합니다. '속사람' 대신 '심령', '영혼', '내면', '마음'이라는 표현도 가능합니다.

우리의 신앙의 여정에서 굉장히 중요한 것은 영혼의 변화가 일어나야 한다는 것입니다. 영혼이 성장해 가는 것, 내면의 세계가 견고해져 가는 것, 우리의 속사람이 강건해져 가는 것, 속사람이 자라나는 것 등입니다. 이 같은 속사람의 변화는 우리 자신이 성령의 능력 안에서 도움을 받아야 이루어집니다. 경건의 훈련을 해야 합니다.

요트가 넘어지지 않는 이유는 요트 밑에 납덩어리가 있어서 중심을 잡아 주기 때문입니다. 그래서 요트는 넘어져도 다시 일어나게 되어 있습니다. 교회를 다니는데 속사람이 자라지 않으면, 그것은 단지 과정을 마친 것일 뿐 변화를 일으키지는 못합니다. 근본적인 변화(change)가 아니라 구조 변경(transformation)입니다. 근본적인 변화가 바로 로마서 12장 2절에서 바울이 말한 "변화를 받아"라는 말씀의 의미입니다.

흔들리지 않는 내적인 강인함은 성령 안에서 가능합니다. 속사람을 강건하게 하는 것은 영성 훈련을 받는 우리의 과제입니다. 우리의 속사람이 갈수록 더 깊어지고, 갈수록 더 견고해지기를 바랍니다.

둘째, 그리스도의 사랑을 알아 가게 해 달라는 것입니다.

그 너비와 길이와 높이와 깊이가 어떠함을 깨달아 엡 3:19 상

바울이 그리스도의 사랑보다 더 큰 것이 없다고 이야기한 의미입니다. 그리고 또 하나, 그 사랑을 깨달은 만큼 우리의 삶은 달라진다는 것입니다. 이 사랑은 18절에서 "지식에 넘치는 그리스도의 사랑"이라고 말합니다. 사랑에서 중요한 것은 경험입니다. 모호하고 추상적인

신앙은 지식으로만 남습니다. 고난주간의 십자가 경험만으로 '고난의 십자가는 심오하도다'라고 깨달을 수 있습니까? 그럴 수 없습니다.

망망대해는 끝이 없습니다. 그런데 그 바다보다 더 큰 사랑, 바다를 먹물로 삼아도 표현할 수 없는 하나님의 사랑이라니, 얼마나 큰 사랑입니까. 사랑을 받은 사람이 사랑할 수 있습니다. 그 하나님의 사랑의 뿌리가 우리의 신앙을 가늠하는 것입니다. 아무리 설명해도 지식으로는 안 됩니다. 성령이 그 심오한 사랑의 깊이 안으로 우리를 이끌어 주셔야 합니다. 그래서 기도와 묵상이 많이 필요합니다.

셋째, 하나님의 모든 충만하신 것이 충만해지게 해 달라는 것입니다.

하나님의 모든 충만하신 것으로 너희에게 충만하게 하시기를 구하노라 엡 3:19 하

여기서 '하나님의 충만'이라는 단어가 다소 어려워 무엇을 의미하는지 알 수가 없습니다. 이 말은 우리가 하나님에 대하여 너무 일찍 결론을 내려서는 안 된다는 뜻입니다. 조금 경험하고 마치 다 아는 것처럼 속단해서는 안 됩니다. 유명한 칼 바르트(Karl Barth)라는 신학자는 신자는 누구든지 초보자여야 한다고 했습니다. 20년 믿었든, 30년 믿었든 신앙의 세계에서는 초보자라는 것입니다. 마치 신앙의 목표에 도달한 것처럼 착각해서는 안 됩니다. 얼마나 오래 믿었든 여전히 초입에 머물러 있는 겸손함으로 "하나님, 더 알고 싶습니다. 하나님, 더 경험하고 싶습니다"라고 기도하는 열망이 있어야 합니다.

개인의 용량에 따라 담깁니다. 하나님이 아무리 크셔도 나의 용량

만큼입니다. 내 지적 용량, 내 경험적 용량, 내가 속해 있는 어떤 세계의 용량이 있습니다. 그래서 하나님의 충만하심 안으로 더 들어갈 수 있도록 기도해야 합니다. 그러다 보면 하나님의 이름의 광대함에 빠집니다. 누군가가 하나님의 이름이라는 바다에 한번 풍덩 빠져 보라고 권했습니다. 아마도 헤어 나오지 못할 것입니다.

에베소서의 주제 중 하나는 "충만함"입니다. '강건', '사랑', '충만함'이라는 단어는 서로 연결되어 있습니다. 강건함과 사랑과 그 지식에 충만한 단계는 에베소 성도들을 위한 바울의 기도입니다. 하나님의 충만함이 우리 안에 꽉 채워져 있으면 약간만 건드려도 하나님이 내 삶을 통해 터져 나오십니다. 건드리기만 하면 복음이, 하나님의 사랑이 나옵니다. 이것이 바로 바울의 기도입니다.

바울의 기도를 들으시는 하나님이 누구십니까?

> 우리 가운데서 역사하시는 능력대로 우리가 구하거나 생각하는 모든 것에 더 넘치도록 능히 하실 이에게 엡 3:20

기도에서 매우 중요한 핵심은 우리 가운데서 역사하시는 능력입니다. 그것이 우리를 기도하게 합니다. 모든 일은 하나님의 능력으로만 가능합니다. 우리는 하나님의 능력을 믿기 때문에 기도합니다. 그 능력은 창조의 능력입니다. 말씀으로 모든 것을 지으신 하나님의 능력은 죽은 자를 다시 일으키는 능력, 그리스도의 구속의 능력입니다.

이어지는 '더 넘치도록 능히 하실 이에게'라는 말은 하나님의 구속

교회를 말하다

과 새 창조는 우리가 구하고 생각하는 것보다 훨씬 더 크고 엄청나다는 의미입니다. 하나님의 능력으로 구속된 교회는 그 영광이 대대로 영원무궁합니다. 하나님은 교회를 영원무궁하도록 사용하십니다. 우리가 바라보아야 하는 교회의 모습은 인간적으로 보면 미미하고 별로 소망이 없지만, 그러나 우리가 기대하는 것은 하나님의 능력입니다.

에베소서 3장 마지막 구절은 평범한 기도가 아닙니다. 바울은 지금 교회를 통하여 우리가 구하는 것보다 더 넘치도록 능히 하실 하나님의 놀라운 역사하심을 기대하면서 기도한 것입니다. 이것이 우리가 교회를 두고 기도하는 이유입니다.

이제 하나님이 교회를 통하여 복음의 비밀을 우리에게 드러내실 뿐만 아니라 온 땅 가운데 충만하도록 우리를 부르셨다는 사실을 기억해야 합니다. 우리는 부족하지만 하나님의 능력이 우리와 함께해 하나님이 그분의 스토리를 써 가시는 일에 우리가 몽당연필이라도 된다면 어떨까요? 바로 그 때 하나님이 그분의 기가 막힌 드라마를 우리의 생애를 통하여 그려 가시리라 믿습니다.

하나님의 꿈은 사람에게 있습니다. 교회는 미미해 보이지만 하나님은 지상의 교회를 통해 하나님의 능력이 임하게 하시고 하나님의 비밀을 알리십니다. 따라서 지상의 교회의 입술을 통하여 세상이 복음을 받아들일 때 세상을 변화시킬 능력이 나타나리라 확신합니다. 하나님이 교회를 붙들고 계십니다.

Chapter 8

놓치지 않아야 할
하나 됨

'교회'는 '가르칠 교'(敎) 자에 '모일 회'(會) 자를 사용합니다. 따라서 가르침이 많이 강조됩니다. 중국에서 초기에 기독교가 전파되었을 때는 '서로 교'(交)자, '모일 회'(會)자로 썼던 적이 있습니다. 당시는 코이노니아(교제)를 더 강조했던 것입니다. 하나님은 예수님을 믿는 사람들을 부르셔서 공동체로 모이게 하셨습니다. 성경은 전부 공동체 개념입니다. 성경은 개인에 관해서 이야기하지 않고 공동체로 말합니다. 따라서 성경에 나오는 모든 개인과 관련된 말씀도 사실은 공동체적인 관점에서 받아들여야 합니다.

교회의 하나 됨을 지켜 가기 위한 노력

바울은 하나님의 부르심에 합당하게 사는 삶과 관련해 에베소 성도들에게 권면합니다.

그러므로 주 안에서 갇힌 내가 너희를 권하노니 너희가 부르심을 받은 일에 합당하게 행하여 모든 겸손과 온유로 하고 오래 참음으로 사랑 가운데서 서로 용납하고 평안의 매는 줄로 성령이 하나 되게 하신 것을 힘써 지키라 엡 4:1-3

바울의 권면을 한마디로 말하면, 그리스도의 몸으로서의 하나 됨을 지키라는 것입니다. 바울은 교회를 가리켜 '그리스도의 몸'이라고 표현합니다. 몸은 조직체나 무기체가 아니라 유기체입니다. 분리가 불가능하고 연결되어 있어야 합니다. 또한 '하나'라는 개념 역시 분리할 수 없음을 의미합니다. 이것이 하나님의 공동체에 대한 설명입니다.

바울은 여기서 "성령이 하나 되게 하신 것을 힘써 지키라"라고 명령형으로 말합니다. '성령이 하나 되게 하신 것'이라는 말은 이미 하나가 되었다는 것입니다. 우리는 예수님을 믿는 순간, 그리스도 안에서 하나가 됩니다. 그러니 그 하나 되게 하신 것을 힘써 지키라는 것입니다. '힘써'라는 말은 우선순위를 두라는 뜻이고, '지킨다'라는 말은 강한 요청입니다.

성령은 하나 되게 하는 영이시고, 마귀는 분열하는 영입니다. 마귀는 계속 분열시키려 하고, 성령은 계속 하나 되게 하십니다. 둘이 대치해 싸움이 계속되는 것입니다. 사실 관계가 분열되는 현장에는 사탄의 역사가 많습니다. 교회도 마찬가지입니다. 교회에 하나님의 은혜가 떠나고 성령의 은혜가 약화되면 마귀가 언제든지 들고 일어납니다. 마귀가 분열의 역사를 일으키면 사람들이 돌변합니다. 우리도 은혜가 떨어지면 변할 수 있습니다. 하나 되게 하신 것을 힘써 지키라는 말은 곧 하나 되는 것을 지키는 일이 쉽지 않다는 뜻이기도 합니다.

하나 됨은 새로운 공동체의 특성입니다. 존 스토트는 에베소서에 관한 책을 쓰면서 제목에 '새로운 공동체'라는 표현을 썼습니다. 새로운 공동체란 세상에서 한 번도 본 적이 없는 공동체인데, 독특한 새로운 공동체의 특징이 무엇이냐면 하나 됨을 이룬다는 것입니다.

에베소서 1장에 나오는 성부, 성자, 성령 하나님은 삼위일체로서 공동체이십니다. 삼위일체란 삼위가 유기적 관계 속에서 사역을 이루시는 것을 의미합니다. 하나님이라는 존재에서 삼위라는 환상적인 조합이 바로 하나님의 공동체의 하나의 모델이라는 의미입니다.

예수님의 위대한 기도가 요한복음 17장에 기록되어 있습니다. 제자들을 위한 기도로서, 그들이 하나가 되게 해 달라는 내용입니다. 즉 이 말씀은 지상의 교회는 하나 됨을 깨뜨리면 교회가 아니라는 뜻입니다. 우리가 잘 알 듯이, 대부분의 신약 교회들에는 분열이 있었습니다. 한 예로, 빌립보 교회도 갈등을 피하지는 못했습니다. 유오디아와 순두게가 갈등 상황에 있었습니다.

내가 유오디아를 권하고 순두게를 권하노니 주 안에서 같은 마음을 품으라 빌 4:2

제일 싸움을 많이 한 교회는 고린도 교회입니다. 그들은 은사를 가지고 도토리 키 재기를 하고 아볼로파, 바울파 등 파당을 지었습니다. 이같이 분열의 역사가 있었기 때문에 바울은 그들에게 아직도 육신에 속한 자라고 이야기했습니다. '육신에 속한 자'의 특징은 분파를 하는 것입니다. 내가 좋아하는 사람들만 좋아하는 사람은 아직도 어린아이에 불과하니 분파를 극복해야 한다고 말했습니다. 그래도 에베소 교회는 바울이 오랫동안 목회를 했던 곳이어서 그나마 건강한 교회였습니다.

바울은 교회의 하나 됨을 지키기 위해서 네 가지를 이야기합니다.

모든 겸손과 온유로 하고 오래 참음으로 사랑 가운데서 서로 용납하고 엡 4:2

첫째, 교회의 하나 됨을 이루어 가기 위해서 가장 중요한 것 중 하나는 겸손입니다. 빌립보서 2장 1-8절이 여기에 포함됩니다. 특히 "아무 일에든지 다툼이나 허영으로 하지 말고 오직 겸손한 마음으로 각각 자기보다 남을 낮게 여기고"라는 3절에서 "자기보다 남을 낮게 여기고"라는 말씀을 주목해야 합니다. 받침 'ㅅ'과 'ㅈ'의 차이는 너무도 큽니다. 남을 '낫게' 여기느냐, '낮게' 여기느냐입니다. 우리의 관계를 깨는 가장 결정적인 요인은 '내가 너보다 나아'라고 생각하는 것입니다. 교만이 찾아오면 그 관계는 금방 깨어집니다. 우리는 "자기를 비워 종의 형체를 가지사 사람들과 같이 되셨고 사람의 모양으로 나타나사 자기를 낮추시고 죽기까지 복종하신" 예수님을 모델로 삼아 겸손함을 배워야 합니다(빌 2:7-8).

둘째, 공동체의 하나 됨을 지켜 나가는 데는 온유함이 필요합니다. 온유함은 단순히 연약한 모습이 아니라 내적인 절제력을 가지고, 힘이 있지만 힘을 쓰지 않는 상태를 말합니다. 예수님의 두 가지 성품(온유와 겸손)이 공동체에도 요구됩니다. 온유함은 날카롭지 않습니다. 우리는 예수님을 믿으면서 계속 부드러워져야 합니다. 요즘 '소프트 리더십'(Soft Leadership)이라는 말도 있습니다. 강하면 깨집니다. 온유함은 하나를 만드는 데 매우 중요한 요소입니다. 예수님도 팔복에서 "온유한 자는 복이 있나니 그들이 땅을 기업으로 받을 것임이요"(마 5:5)라고 말씀하셨습니다. 온유한 자가 땅을 차지하고, 온유하면 풍성한 삶과 사람을 얻습니다. 온유한 자가 남에게 계속 지고 있으면 하나님이 신경이 쓰이셔서 친히 그를 돌보사 빼앗긴 것을 도로 찾아 주십니다. 온유한 자가 승리하는 것입니다.

교회를 말하다

셋째, 하나 되기 위해서는 오래 참음이 필요합니다. 바울은 고린도전서 13장에서 "사랑은"이라고 시작하며 사랑에 관한 열다섯 가지 특성을 이야기할 때 가장 먼저 "오래 참고"를 말했습니다. '오래 참고'는 영어 성경에 'long suffering'(오랜 고통)이라고 번역되어 있습니다. 오래 참음은 굉장히 고통스러운 일입니다. 그런데 모든 인간관계는 오래 참음의 아름다운 결과요, 모든 작품은 오래 참음의 열매입니다. 그래서 성령의 아홉 가지 열매에 오래 참음이 있습니다.

넷째, 사랑 가운데서 서로 용납해야 하나 됨을 지킬 수 있습니다. 서로 품어 주는 것입니다. 복음이 우리에게 주는 은혜가 무엇입니까? 하나님이 우리를 품어 주시는 것입니다. 십자가가 무엇입니까? 원수까지도 품고 용납하는 것입니다. 품는 용량을 키워 나가는 것이 우리의 믿음생활입니다. 그런데 내 용량이 너무 작으면 품을 수가 없습니다. 그러므로 용납의 용량이 커야 합니다. 신앙은 관계입니다.

그리스도의 공동체의 하나 됨이 핵심입니다. 하나 됨을 깨뜨리면 할 수 있는 일이 하나도 없습니다. 만약 최상을 선택하려다가 분열이 일어날 것 같으면 차선을 선택해서 하나 되는 편이 낫습니다. 하나 됨을 깨뜨리는 일 같으면 할 필요가 없습니다. 교회에서나 가정에서나 하나 됨을 이루는 것이 최고의 원리입니다.

몸 된 교회를 세우기 위한 하나님의 계획

하나님은 교회를 그리스도의 몸으로 세워 가시기 위해 각 사람에게 분량대로 은혜를 주셨습니다(엡 4:7).

지금까지 하나 됨을 이야기하던 바울은 여기서 다양성(diversity)을 말합니다. 교회는 사람들마다 다양하고, 각 교회도 다양합니다. 교회는 이래야 된다는 정형화되고 획일화된 틀이 존재하지 않습니다. 목회자와 성도들이 받은 은사와 성품, 경험 등이 어우러져 하나의 독특한 교회가 세워지는 것입니다. 남미에서는 대부분 예배할 때 춤을 춥니다. 그것은 본질적으로 춤을 잘 추는 그들의 기질이고 문화이지 이단이 아닙니다. 한국 교회가 주지주의, 즉 배우는 것을 좋아하기에 장로교와 잘 맞는 한편, 남미는 예배를 감성적으로 접근합니다. 이처럼 은혜를 받는 방법에 대해 교회를 획일화해서는 안 됩니다.

성도도 마찬가지로, 각 사람이 가진 은사가 다릅니다. 예배당에서 컵이 하나 깨지면 본질적으로 각 성도들의 은사가 발현됩니다. 빗자루를 들고 오는 사람이 있고(섬김의 은사), 말로 진두지휘하는 사람이 있습니다(다스리는 은사). 또 '컵을 깨뜨려서 어떡하나? 깨뜨린 사람은 마음이 아프겠다'(긍휼의 은사)라고 생각하는 분도 있습니다. 하나님의 집에는 다양한 그릇이 있고, 하나님이 각자를 다르게 만드신 것입니다. 그러니 '저 사람 왜 저래?' 할 필요가 없습니다.

이처럼 교회는 다양한 사람들이 모여 있는 곳으로, 마치 오케스트라와 같습니다. 다양한 악기들이 모여 환상적인 음률을 만들어 하모니를 이룹니다. 어떻게 그럴 수 있습니까? 오케스트라가 처음 튜닝을 할 때는 소음이 들리기 마련입니다. 그러다 점점 소음이 사라지고 음악이 연주되면 기가 막힌 교향곡이 울려 퍼집니다. 이처럼 다양성을 가진 교회 공동체 내에서 서로를 인정하고 함께 사역해 나가려는 자

교회를 말하다

세가 우리에게 요청됩니다.

예수님이 교회의 각 사람을 사도로, 선지자로, 복음 전도자로, 목사와 교사 등의 일꾼으로 삼아 주신 목적은 세 가지입니다. "성도를 온전하게 하여 봉사의 일을 하게 하며 그리스도의 몸을 세우려 하심"(엡 4:12)입니다.

여기서 매우 중요한 표현이 나오는데, '성도를 온전하게 하여'에서 '하여'라는 말입니다. '하며'가 아닙니다. 이것은 매우 중요한 사실입니다. 세 가지 목적 중에서 성도를 온전하게 하는 것이 가장 중요해서 가장 앞에 나오고, 그에 따른 결과로 봉사의 일을 하게 하며, 그리스도의 몸을 세우려 하시는 것입니다.

그런데 그보다 앞서 생각해야 할 것이 있는데, 바울은 "그가 어떤 사람은 사도로, 어떤 사람은 선지자로, 어떤 사람은 복음 전하는 자로, 어떤 사람은 목사와 교사로 삼으셨으니"(엡 4:11)라고 말했습니다. 이는 하나님이 교역자를 주신 목적을 이야기한 것입니다. 이 직분들 중에서 오늘날 남아 있는 직분은 '목사와 교사'뿐인데, 그 단어 앞에 정관사가 있으므로 이는 두 사람의 직분을 말하는 것이 아니라 한 사람의 직분을 가리키는 것임을 알 수 있습니다. 즉 '목사이자 교사'를 뜻하며, 목사의 기능 안에 교사의 기능이 강함을 말합니다. 목회에서 중요한 영역이 무엇인지 가르치는 것입니다. 다시 말해, '하나님이 그 목사와 교사로 세워 주신 목적이 무엇이냐? 성도를 온전하게 하여야 봉사의 일을 하고 그리스도의 몸을 세울 수 있다'는 뜻입니다.

성경을 주신 목적을 기록하고 있는 디모데후서 3장 16-17절이 이 말씀과 조합을 잘 이룹니다.

> 모든 성경은 하나님의 감동으로 된 것으로 교훈과 책망과 바르게 함과 의로 교육하기에 유익하니 이는 하나님의 사람으로 온전하게 하며 모든 선한 일을 행할 능력을 갖추게 하려 함이라 딤후 3:16-17

이 말씀은 에베소서 4장 11-12절과 똑같습니다. 하나님이 교회에 교역자를 주신 목적과 성경을 주신 목적이 같습니다. 가장 먼저 사람을 온전하게 하고, 그다음에 선한 일을 행하게 합니다. 먼저 영적 성숙이 오고, 사역이 뒤따라오는 것입니다. 사역이 먼저가 아니고 영적 성숙이 먼저입니다. 이 순서를 놓치면 안 됩니다. 성경은 성령의 감동으로 기록된 것으로서, 작은 것 하나도 중요합니다.

한국 교회가 바로 이것을 놓쳤습니다. 성도를 온전하게 하지 않고 일을 시킨 것입니다. 그러면 일꾼이 아니라 일감이 되어 버리고 맙니다. 일을 하는데 하나님의 일이 아니라, 그리스도의 몸을 세우기 위해서가 아니라 자기 일을 하는 것입니다. 자기 공로, 자기 의, 자기 자랑, 자기 성취, 자기 기쁨, 자기 만족 등 끝없이 자기를 추구합니다. 그렇다 보니 심통이 나고 기분이 나쁘면 안 해 버립니다. 자라 가도록 하는 과정 없이 일을 시켰기 때문입니다. 그런데 일을 하다가 다 지쳐 버렸습니다.

성도를 온전하게 하는 것이 중요합니다. 이 일이 선행되지 않으면 이후에는 아무 일도 안 됩니다. 영적 성숙을 우선해 온전하게 한 후 일꾼으로 세워야 합니다. 일꾼도 일을 할 줄 알아야 합니다. 어떻게 하면 실수하는 것인지, 어떻게 하면 주님을 기쁘시게 하는 것인지, 어떻게 하면 사람들과 함께하는 것인지, 어떻게 하면 하나님께 영광을 돌리는 것인지, 어떻게 하면 시험에 들지 않는지, 어떻게 하면 지치지 않는지를 훈련해야 합니다.

한 가지 짚고 넘어갈 부분이 있습니다. '그리스도의 몸을 세우는 것'은 내적 성장과 외적 성장, 두 가지를 포함한다는 것입니다. 내적으로 속사람이 강건한 성도들을 세우고, 외적으로 날마다 구원받는 사람들의 수가 늘어나는, 균형 있게 성장하는 교회가 되어야 합니다.

Chapter 9

교회의 자라남

성도에게 교회 공동체는 피할 수 없는 곳입니다. 신자가 되어 그리스도인이 된 순간부터 자동적으로 교회 공동체의 일원, 가족이 됩니다. 기독교의 핵심 가운데 공동체성이 있습니다. 그렇다면 성경적 공동체는 어떤 곳일까요?

요즘 교회의 건강성이 많이 화두되고 있습니다. 교회가 얼마나 큰가, 성도들이 얼마나 많이 모이는가보다 교회가 건강하냐, 건강하지 않냐가 매우 중요합니다.

성경적 공동체와 그리스도의 몸

교회의 건강성에 대해 여러 진단을 할 수 있지만, 핵심적인 요소 가운데 하나가 공동체성입니다. 공동체성이 얼마나 살아 있느냐, 공동체성이 얼마나 확보되어 있느냐에 따라 교회의 건강 정도를 확인할 수 있습니다. 교회는 기업체나 공공 기관 같은 조직체와는 근본적으로 다른 성격을 가지고 있습니다. 교회가 무엇인지 잘 모르면 혼선이 많이 생기고, 결국 무지하기 때문에 갈등이 생겨 스스로 시험에 드는 경우가 많습니다.

바울은 교회를 그리스도의 몸이라고 합니다. 이 '몸'에 대해 잘 이해하는 것은 신앙생활에 매우 중요합니다. 따라서 우리는 몸, 인체를 이해할 필요가 있습니다. 인체는 신비롭습니다. 인간의 몸은 수많은 신체 기관이 오묘하게 서로 연결되어 움직입니다. 실낱같은 수많은 신경 세포 조직이 거미줄처럼 온몸에 연결되어 있습니다. 우리 안에 있는 혈관을 통해 혈액이 온몸 곳곳으로 쉬지 않고 돌고 있습니다. 크고 작은 뼈들이 서로 기가 막히게 결합되어 있습니다. 척추를 중심으로 많은 내장 기관이 매달려 제각기 활동하고 있습니다. 오묘합니다.

몸 전체를 이해할 때 중요한 개념이 하나 있는데, 앞 장에서도 얘기한 '유기적 연합'입니다. 분리될 수 없다는 뜻입니다. 긴밀하게 연결되어 상호 교류를 하면서 생명이 유지되는 것입니다. 떼려야 뗄 수 없습니다. 바울이 교회를 그렇게 표현한 것입니다. 지체들은 각각 여러 기능을 하고 있으며 떼려야 뗄 수 없는 관계입니다. 홀로 독립된 개체로 신앙생활은 불가능하다는 것입니다. 구원은 하나님과의 일대일 관계에서 믿음으로 받지만, 그 이후 공동체의 일원이 되었다면 홀로 떨어져 신앙생활을 한다는 것은 불가능합니다. 손가락에 난 상처가 고통을 준다고 손가락을 잘라 버리지는 않습니다. 낫도록 해 줍니다. 어떤 것도 독립적이지 않기 때문입니다.

교회 공동체가 그리스도의 몸이라고 할 때 우리는 서로 배타성을 가지면 안 됩니다. 모두 수용하고, 관계를 단절하도록 하는 벽을 세워서는 안 됩니다. 세대 간, 지역 간, 학력 간, 인종 간, 남녀 차이 등의 벽이 허물어지는 곳이 교회입니다. 모두가 다 어울리며 배타성이 없어야 합니다. 공동체 안에서 강조되는 것은 용납과 인내입니다. 쉬운 일은 아닙니다. 교회는 세상의 어떤 조직체보다 위험한 요소를 많이 갖고 있습니다. 너무 다양하기 때문입니다. 한 부류가 아니고, 어떤 목적이나 취미가 같아서 모이는 것도 아니고, 모든 사람이 올 수 있는 곳이기 때문입니다. 나와 다른 지체들을 몸의 일부로 받아들여야 합니다. 몸은 전부 다르지만 그것을 인정해 주어야 합니다.

교회를 말하다

교회를 몸이라는 관점에서 생각하면 우리의 신앙은 달라집니다. 기분 나쁘다고 "나는 교회를 안 다닐 거야"라고 하는 것은 몸을 거부하는 것입니다. 몸을 거부하는 것은 마치 내 팔을 잘라 버리겠다고 하는 것과 똑같습니다. 분리하겠다는 생각입니다. 교회 안에서도 마찬가지입니다. 문제를 좀 일으켰다고 "저런 사람은 쫓아내야 해"라고 할 수는 없습니다. 교회는 내 마음에 드는 사람들만 골라서 모인 곳이 아닙니다. 내 마음에 들지 않는 사람과 더불어 지내는 법을 배우면서 성장해 가는 것입니다.

생명의 뚜렷한 특징은 힘을 가지고 있다는 것입니다. 바울은 교회를 생명체로 보았습니다. 이 안에 엄청난 힘이 있는데, 그 힘은 성장의 힘입니다. 어떤 생명체든지 자라는 기쁨이 있습니다. 핏덩이 같은 아이들이 자라고, 말을 하고, 뛰어다니며 머리가 비상해지는 것은 신비로운 일입니다. 조그만 씨앗을 심었는데 싹이 돋아나고 자라서 꽃을 피우고 열매를 맺는 것은 너무나 신비한 일이며, 이것은 생명의 힘입니다. 바울은 교회를 이러한 생명체로 본 것입니다. 죽은 무기체 덩어리가 아닙니다. 생명체에게는 끊임없이 새로운 세포가 생성되면서 자라 가는 역사가 일어납니다. 바울은 교회를 그렇게 표현했습니다.

흔히 '교회가 성장한다'는 말을 사람이 많아지는 것으로 생각하는데, 그렇지 않습니다. 사람이 많아지는 것은 의미가 없습니다. 그리스도의 생명의 씨앗이 우리에게 심기고 생명이 그 안에서 자라 가는데, 자라 가는 생명체들이 실제적으로 교회 안에 모여서 유기적 관계 속에서 커져 갈 때 그것을 '자라 간다'고 표현합니다. 이것은 어떻게 보면 눈에 보이지 않는 모습일 수도 있습니다. 그러나 진정한 영적 생명체는 영적으로 자라 가게 됩니다.

'성장'을 성경에서는 '온전함에 이르게 한다'라고 해 '온전함'이라는 단어를 사용합니다. 인간에 대해서는 '온전하다', '완전하다'라는 완성형 표현을 쓸 수 없습니다. 영어로 'mature'라고 하는데, 그리스도인이 성숙해진다는 의미입니다. 성숙해진다는 것은 무엇일까요? 성숙의 목표는 '그리스도', '그리스도를 닮는 것'입니다.

자라지 않으면 어떻게 될까요? 아이로 있습니다. 나이 70세에 예수님을 믿어도 영적으로는 갓난아이와 같습니다. 갓 태어난 그리스도인입니다. 사회적 지위와 상관없이 이제 막 태어난 그리스도인이라 분별력이 없습니다. 자기중심적입니다. 하나님의 말씀을 소화할 수 있는 능력이 없습니다. 강도 높은 이야기를 하면 알아듣지 못합니다. 영의 세계에 진입되지 않았기 때문입니다. 그러면 세상의 다른 것들에 영향을 받기 때문에 요동치고 쉽게 미혹을 받습니다. 영적으로 자라지 않으면 외부적 환경에 제한을 받고 늘 끌려다니는 모습으로 살아가기 때문에 영적으로 늘 힘이 듭니다.

따라서 영적으로 끊임없이 자라 가는 일이 우리 안에 일어나야 합니다. 바울은 "내가 그리스도를 본받는 자가 된 것같이 너희는 나를 본받는 자가 되라"(고전 11:1)라고 말하는데, 이것은 영적인 어떤 수준에 올라간 것입니다. 우리는 그리스도의 생명의 씨앗이 우리 안에 들어온 이상 그리스도 안에서 자라 가는 것을 경험하게 되고, 성장의 목표는 그리스도에게까지 자라 가는 것이고, 그리스도를 닮아 가야 합니다.

공동체 안에서 성장은 어떻게 일어나는가?

그렇다면 이런 성장은 어떻게 하면 일어날 수 있을까요?

첫째, 성장에 있어서 목회자들의 역할이 필요합니다. 에베소서 4장 11절을 보면 여러 직임이 나옵니다. 사도, 선지자, 복음 전하는 자, 목사와 교사가 나오는데 바울이 여기 언급한 직분들의 공통점은 '말씀 사역'입니다. 그리고 현재 실제적으로 남아 있는 사역은 목사와 교사입니다. 목사의 주된 사역은 말씀 사역입니다. 교회의 본질적인 사역입니다.

말씀을 전할 때 회심 사건이 일어납니다. 회심한 성도들을 말씀으로 양육할 때 그들이 복음을 전하는 자로 살아갈 수 있도록 만드는 것이 말씀 사역입니다. 그래서 목사와 성도의 관계가 중요합니다. 교회를 다니면서 목사와 어떤 관계를 맺느냐가 신앙생활에 참 중요합니다. 목사가 말씀의 통로 역할을 하기 때문입니다. 말씀에 대한 가르침이 잘 전달될 때 신앙이 성장합니다.

바울은 이어지는 12절에서 목사의 역할을 명확하게 표현합니다. 첫째는 성도를 온전하게 하여, 둘째는 봉사의 일을 하게 하는 것입니다. 훈련의 초점은 성숙한 성도가 되게 하고, 성숙한 성도가 섬김의 삶을 살도록 하는 것입니다. 바로 이것이 목사의 말씀 사역을 통하여 이루어지는 것이고, 그래서 온전해진 그리스도인이 섬김의 삶을 살아가게 함으로 교회를 세우는 것입니다.

이 말씀에 중요한 원리가 있는데, 그것은 교회의 일은 목사나 어떤 특정한 사람들의 전유물이 아니고 오히려 성도들이 해야 한다는 것입니다. 성도들이 실제적으로 사역의 주체가 된다는 의미입니다. 목사가 하는 일은 성도가 성숙하도록 하고 봉사의 일을 하도록 코칭을 하는 것이며, 실제적 사역은 성도들이 하는 것입니다.

그런데 성도로 하여금 봉사를 하게 하려면 훈련을 해야 합니다. 성도를 온전하게 하는 일은 훈련 사역을 통해서 가능합니다. 훈련 사역은 목사가 말씀을 통해서 하는 것입니다. 이런 훈련의 과정을 거치지 않으면 성도로 세워져 가기가 어렵습니다. 하나님의 말씀이 피가 되고 살이 되기까지 어려운 싸움을 벌여야 합니다. 실패와 시행착오를 거쳐야 하고, 온전한 그리스도인으로 성장하기 위해서 마땅한 훈련 안으로 들어가야 합니다.

성도들 편에서 좀 더 강한 훈련을 시켜 달라고 요구하는 것이 오히려 맞습니다. 그리스도의 장성한 분량이 충만한 데 이르는 것은 쉬운 일도, 간단한 일도 아닙니다. 그리스도 안에 들어와 복음의 씨앗이 심긴 사람들이 그리스도의 사람으로 자라 가는 것은 너무나 당연한 일이고, 또 자라 가야 합니다. 교회 안에서 마땅한 훈련을 받으며 영적으로 자라 갈 때, 한 사람, 한 사람이 백의 몫, 천의 몫을 감당할 때 하나님의 나라가 임합니다.

목사는 목사의 일을 성실하게 감당해야 합니다. 성도들이 영적으로 잘 자라도록 도와주고 봉사의 일을 잘하게 해야 합니다. 중요한 것은 그리스도 안에 있는 모든 성도는 반드시 영적으로 자라 가야 한다는 것입니다. 이것은 선택의 문제가 아니라, 필수입니다. 그 일을 위해서 하나님이 목회자를 세우셨고, 목회자가 말씀이라는 수단을 통해 성도들을 훈련시키고 온전케 하며 하나님 나라에 헌신하도록 만들어 주는 것입니다.

둘째, 성장은 공동체를 통해 이루어집니다. 성장은 결코 개인적인 문제로 해결되지 않습니다. 관계를 통해서 이루어집니다. 관계를 무시하면 안 됩니다. 신앙은 관계적입니다.

> 그에게서 온몸이 각 마디를 통하여 도움을 받음으로 연결되고 결합되어 각 지체의 분량대로 역사하여 그 몸을 자라게 하며 사랑 안에서 스스로 세우느니라
> 엡 4:16

여기에서 중요한 것은 몸 안에 있을 때 함께 자란다는 것입니다. 혼자서는 자랄 수 없습니다. 성도들과의 관계 안에서 자랍니다. 혼자 있으면 내 신앙이 좋은지, 내 신앙에 무슨 문제가 있는지, 어떤 신앙생활이 좋은 신앙생활인지를 알 수 없습니다. 자기 자신이 누구인지를 알지 못하기에 자랄 수가 없는 것입니다. 공동체 안에 속해 있을 때 신앙이 성장해 갑니다.

우리가 신앙생활을 해 왔던 모든 과정을 돌이켜 보면 그리스도의 몸 안에 속해 있을 때 서로가 연결되고 결합되어 주고받는 관계 안에서 우리의 신앙이 자라 왔습니다. 연결되어 있다는 것은 단순히 붙어 있는 것이 아니라, 서로 주고받는 관계라는 뜻입니다. 우리는 서로 깊이 연결되었고, 연관되어 있습니다. 우리는 서로에게 줄 것이 있는 관계로 맺어져 있습니다.

누구나 상대에게 줄 선물을 가지고 있습니다. 목회자는 성도들에게 전할 말씀을 준비합니다. 성숙한 신자는 이제 막 신앙을 시작한 사람에게 줄 선물이 있습니다. 어떤 고통을 겪으며 믿음으로 지나온 성도는 이제 막 고통을 당하고 있는 성도를 도울 수 있는 무언가를 가지고 있습니다. 누구든지 있습니다. 성숙한 그리스도인이라 할지라도 이제 갓 태어난 성도들을 도우며 자기 스스로 영적으로 자라 가게 됩니다. 서로가 유기적인 것입니다. 일방적으로 받는 것이 아닙니다.

교회 안에서 비장애인이 장애인을 섬기면서 하나님의 은혜를 체험하게 되면 그것이 그의 삶에 영향을 줍니다. 장애인 역시 비장애인의 도움을 받으며 서로 연결되어 그리스도의 몸이 세워져 갑니다. 이런 일은 소그룹 안에 들어가야 느낄 수 있습니다. 소그룹에 들어가면 위로가 있습니다. 주일 공예배에서는 '누군가 나를 위로해 줬으면 좋겠다'는 마음은 있지만 누구도 내 마음을 알아줄 방법이 없습니다.

주일 예배는 공적으로 모이지만, 진정한 그리스도의 몸을 느낄 수 있는 곳은 소그룹입니다. 소그룹에 가야 그리스도의 생명의 힘이 무엇인지를 느낄 수 있습니다. 대예배는 수직적인 하나님과의 관계에 집중하는 시간입니다. 수평적으로 성도들과의 관계 속에서 그리스도의 몸의 생명력을 느낄 수 있는 곳은 소그룹입니다. 소그룹에 들어가야 교회라는 것이 무엇인지 진정으로 느낄 수 있습니다.

공동체 관계 안의 놀라운 비밀

우리는 다른 사람과 관계를 맺으며 그 관계 안에서 신앙이 성장합

교회를 말하다

니다. 관계 안에는 놀라운 비밀들이 숨어 있습니다. 가끔 정신적, 영적으로 어려움을 겪는 분들에게는 공통점이 있습니다. 공동체를 기피하는 것입니다. 공동체를 부정하는 사람들은 공동체의 위력을 잘 모릅니다.

바울이 우리에게 이야기하는 그리스도의 몸이라고 하는 관점에서 '생명체로서의 교회'를 정확하게 이해할 수 있는 곳은 소그룹입니다. 소그룹 안에는 우리가 상상하지 못하는 어마어마한 그리스도의 생명이 흘러넘치고 있습니다. 작은 공동체가 아니면 소속감을 느낄 수 없습니다. 소속감이 없으면 안정감이 없습니다. 연결되어 있다는 느낌이 없기 때문에 언제든지 분리가 가능합니다. 주일에 한 번 예배를 드리고 그 이상의 어떤 것에도 연결되지 않았다면 잠재적으로 교회를 떠날 가능성을 갖고 있습니다. 소속감도 없고 부담 없이 교회를 다니기 때문에 부담 없이 떠날 수도 있습니다. 손, 발, 배 등은 모두 몸인데, 하나하나 떨어져 있으면 몸이라고 할 수 없습니다. 몸에 붙어 있을 때만 몸입니다. 몸에 있다는 경험을 느낄 수 있는 곳이 바로 소그룹입니다.

그리스도의 몸이 모인 곳은 단지 사람들이 모인 곳이 아닙니다. 이 몸 안에서 성령이 움직이시고 그리스도가 통치하시는 생명의 공동체이기 때문에 신적인 통치가 일어나고 있습니다. 이 몸 안에서는 신비한 힘이 역학적으로 일어나고 있는데, 이 안에 들어가면 연약함과 문제투성이가 치유되는 역사가 일어납니다. 처음부터 일어나는 것은 아닙니다. 우리가 죄성을 가지고 있고, 전혀 다른 사람들이 모여 있기에 위험한 출발입니다. 하지만 하나님의 공동체 안에 들어가 서로 노력하면 성령이 역사하셔서 점점 몸이 성장함으로 그 안에 성장한 사람들이 건강하게 되는 역사를 경험하게 됩니다.

교회는 어머니와 같습니다. 우리가 싫다고 교회를 내쳐서는 결코 안 됩니다. 교회가 허물이 있어도 그 어머니는 끌어안아야 합니다. 우리 다음 세대까지 주님이 지상 명령을 이루시는 유일한 기구는 교회입니다. 필립 얀시의 《교회 나의 고민 나의 사랑》이라는 책 제목처럼, 교회는 나의 고민이기도 하고, 때로는 나의 사랑이기도 합니다. 애환이 서려 있는 곳입니다. 때로는 교회 안에서 관계 때문에 아픔을 겪기도 하고 교회의 실수와 연약함을 보면서 실망하기도 하지만, 그러나 여전히 교회는 주님의 몸이요, 내가 사랑해야 할 공동체입니다. 그리고 이 공동체는 다음 세대에게까지 물려줘야 하고 우리 자녀 세대들의 믿음이 계승되어야 할 축복의 장소입니다. 성 어거스틴은 "교회를 어머니처럼 섬길 수 없는 사람은 하나님을 아버지라 부를 자격이 없다"고 말했습니다.

하나님이 우리에게 주신 최고의 선물은 그리스도의 몸 된 공동체입니다. 이것보다 더 나은 선물을 주실 수 없습니다. 하나님은 바울을 통해 '그리스도의 몸'이라는 개념을 주셔서 떼려야 뗄 수 없는 관계 안에 우리를 초대하십니다. 하나님은 일을 하실 때 다양하게 일하시지만, 공동체 안 관계를 통해서도 일하십니다. 하나님의 사랑도 공동체의 관계 안에서 경험하게 하십니다.

교회 공동체 곳곳에서 가족 이상의, 그리스도의 몸의 생명을 서로 경험하고 있습니다. 부담스럽고 까다롭긴 할 테지만, 그러나 하나님

교회를 말하다

은 공동체를 통해 하나님의 복을 흘려보내기를 원하십니다. 주님은 "두세 사람이 내 이름으로 모인 곳에는 나도 그들 중에 있느니라"(마 18:20)라고 말씀하심으로 함께하겠다고 하셨습니다. 나 홀로는 불가능합니다. 상처를 받을 수도 있지만, 어떤 대가를 지불하고서라도 공동체 안에 들어가 서로 연결되어 신앙생활을 할 때 그 안에서 하나님이 주시는 그분의 놀라운 생명의 신비를 경험할 수 있습니다.

Chapter 10

새사람으로의 변화

사람의 몸은 내버려 둔다고 건강하게 성장하지 않습니다. 몸의 건강을 위해 꾸준히 운동도 하고 노력을 해야 합니다. 체질에 맞추어 음식을 먹고, 주기적으로 관리를 해 주어야 합니다. 때에 따라서는 비타민 같은 영양제가 필요할 수도 있습니다. 이를 통해 건강한 몸과 삶을 영위할 수 있습니다. 교회도 그렇습니다. 교회는 몸입니다. 우리는 그 신비에 연합되어 있습니다. 연합을 했다고 거기에서 끝난 것이 아닙니다. 연합 이후에 과정이 중요합니다. 몸의 건강을 돌보는 것처럼 몸 된 교회를 위해 스스로 관리하고 노력해야 할 것이 있습니다.

그리스도의 몸 된 성도가 버려야 할 것들

이제 바울은 구원받은 성도들에게 첫 믿음을 가졌을 때의 교훈을 상기시키며 명령합니다(엡 4:20-23). 첫째, 옛 사람을 벗어 버리고, 둘째, 심령이 새롭게 되어, 셋째, 새사람을 입으라는 것입니다.

먼저, 구원받은 성도는 옛 사람을 벗어 버려야 합니다. '옛 사람'은 죄의 지배 아래 불순종의 삶을 살고 있는 아담의 후예들입니다. 또한 근본적으로 하나님의 법에 굴복하지 않고 반역하며 사는 사람을 의미합니다. 그다음에, 심령이 새롭게 되어야 합니다. 이는 내적인 변화를 말합니다. 내적으로 변하면 외적인 삶도 바뀝니다. 관심, 기호, 취미, 라이프스타일, 습관 등 예수님을 믿기 전 삶의 모든 부분에서 변화가 시작됩니다. 그리고 나서 바울은 새사람을 입으라고 했습니다.

이전 것은 지나갔으니 보라 새것이 되었도다 고후 5:17

새 옷을 입으면 낡은 옷은 입지 않습니다. 새 옷을 입으려면 옛 옷은 과감하게 버려야 합니다. 그렇다면 버려야 할 옛 옷, 즉 옛 삶의 방식은 무엇일까요?

우리는 살면서 썩어져 가는 구습을 따르려는 유혹을 받습니다. 예수님을 믿으면서도 계속 치러야 할 싸움 중에 하나가 유혹의 욕심입니다. 욕심이 참 문제입니다. 욕심이 더덕더덕 자꾸 붙습니다. 그러므로 우리는 욕심을 자꾸 제거하고 버려야 합니다. 교회 안에도 욕심이 많습니다. 특히 직분이나 명성에 대한 욕심이 만만치 않습니다. 사도행전에서 아나니아와 삽비라는 왜 자기의 재산을 팔았을까요? 교회 공동체에서 존경받고 신뢰받고 있는 바나바라는 사람이 밭을 팔아 판값을 드린 모습을 보고 그 명성이 탐이 나서 흉내를 낸 것입니다. 하지만 그들은 일부는 감추고 전부를 드린 것처럼 속였다가 즉사했습니다.

욕심은 우리가 늘 싸워야 하는 옛 삶의 모습입니다. 욕심은 자아중심적이고 이기적이기에, 우리는 끊임없이 욕심을 해체하고 자아중심적 삶에서 이타적인 삶으로 이동해야 합니다. 비교하고 경쟁하는 나만을 위한 삶을 점점 내려놓고 욕심에서 빠져나와야 합니다.

기도 생활을 돌아봅시다. 우리는 기도할 때 욕심을 버리고 있습니까? 자기 스스로조차 자기 마음속 깊이 깔려 있는 욕심을 잘 알지 못합니다. 하나님의 영광을 위해서 기도한다고 하지만 속을 들여다보면 나자신의 욕심을 구할 때가 많습니다. 다른 사람을 생각하지 않고 나만 잘되고자 기도하면 그런 일이 일어나기 쉽습니다. 따라서 우리는 항상 공동체를 생각하는 기도를 해야 합니다.

교회를 말하다

예수님의 기도는 신앙생활에 매우 중요한 중심을 잡게 해 줍니다. 산상수훈 중앙에 주기도문이 있는데, 주기도문은 하나님 아버지께 구하는 신앙생활의 총체적 기도입니다. "오늘 우리에게 일용할 양식을 주시고"라고 가르치시는 예수님의 기도는 놀랍습니다. '나의' 일용할 양식이 아니라, '우리의' 일용할 양식입니다. 오늘 나만 먹는 것으로 끝나지 않고 또 다른 사람의 일용할 양식을 위해 기도하라는 것입니다. 우리는 개인의 복을 구하는 기복신앙을 경계하고 모든 사람이 잘될 수 있는 기도를 드려야 합니다.

그리스도의 몸 된 성도들은 구습을 따르는 옛 사람을 벗어 버리고 심령이 새롭게 되어 새사람을 입었습니다. '심령이 새롭게 되어'라는 말은 이전과 전혀 다른 삶으로 초대되었다는 의미입니다. 예를 들어, 그리스도인이 되고 은혜를 받으면 삶의 목적이 바뀌므로 사업을 하는지, 장사를 하는지 삶의 자세가 달라집니다. 다른 차원의 가치를 갖게 되고 돈을 버는 목적이 달라지는 것입니다. 이전에는 돈을 버는 것만이 목적이었지만, 이제 돈은 수단이고 '이 돈으로 무엇을 할 것인가?' 고민하게 됩니다. 성경적 삶의 방식을 사업장에 드러내고, 깨끗한 경영을 하고, 정당한 노임을 적용하게 됩니다. 일반적으로 세상 사람들이 살아가는 방식과 다른 태도를 보이게 되어 있습니다. 이처럼 삶의 구습을 버린다는 것은 많은 부분에 도전하게 합니다.

심령이 새로워지면 걷는 모습도 바뀌고, 심지어 웃음이 해맑아집니다. 주변 사람들이 바뀌었다는 이야기를 하고 있습니까? 가족들에게 물어보는 것이 가장 빠르고 중요합니다. 구습을 좇는 우리 삶의 한

가운데는 욕심이 도사리고 있고, 우리는 그 욕심을 극복하고자 성령의 능력을 힘입어 부단히 애써야 합니다.

새로운 정체성을 가진 새사람의 실천 지침

새사람은 어떤 존재입니까? 하나님의 백성다운 하나님의 형상으로 회복된 존재, 즉 새로운 정체성을 가져 신분이 달라진 존재입니다(엡 4:23-24). 내가 세상과 구별된 하나님의 새로운 공동체, 부활의 공동체의 일원으로서 그리스도께 속한 자라는 의미입니다.

사도행전 초대 교회의 새로운 공동체는 오순절 성령이 임하사 출발한 신약 교회입니다. 그 시대 이스라엘에서 그리스도를 따르는 새로운 공동체는 120여 명의 소수였습니다. 120여 명이 누구를 따랐습니까? 얼마 전 십자가에 매달려 죽은(부활했다고 하지만 아직 믿어지지 않는) 33세 유대인입니다. 그 새로운 공동체에 속한 사람들은 자신들의 소속을 부끄러워하지 않고, 외부의 핍박이 와도 새로운 공동체의 일원으로서 자부심을 느끼면서 맞서 대항했습니다.

당시 빌립 집사, 스데반 집사 외 초대 교회 집사들은 매우 강력한 믿음의 사람들이었습니다. 빌립 집사는 기적을 행했습니다. 스데반 집사의 설교는 명설교였습니다. 성령이 주신 은혜로 이스라엘의 구약 역사를 구속사적으로 설교했습니다. 스데반이 설교하는 현장에 바울이라는 청년이 있었고, 그는 이후 놀라운 회심의 역사를 경험했습니다. 그로 인해 기독교 역사의 운명이 바뀌는 일이 일어났습니다.

초기 기독교사를 보면, 소수의 그리스도인들이 얼마나 용맹스러웠

교회를 말하다

는지 알 수 있습니다. 그들은 세상의 핍박에 전혀 흔들리지 않았습니다. 절대적으로 큰 규모에 소속되라는 압박에도 전혀 굴하지 않았습니다. 당시 예수님을 따르면 직업을 잃어버리고 집안에서 축출당했습니다. 오늘날에도 중동 국가에서 예수님을 믿는다고 하는 순간 집안에서 쫓겨나고 죽음의 위협을 받게 됩니다. 명예살인을 피해 한국까지 피신해 왔던 중동 국가의 한 형제는 자신을 잡으러 온 사람들을 피해 숨어 다녔습니다.

이처럼 생명의 위협을 받고도 '나는 그리스도인으로서 하나님의 공동체에 남겠다'라는 신분에 대한 정확한 인식이 우리에게 필요합니다. 이 세상이 아무리 거대하고 화려해도 언젠가는 망할 것이고 하나님 나라는 영원하다는 사실을 우리는 기억해야 합니다. 우리는 하나님 나라의 일원으로서, 이적해선 안 됩니다.

이제 바울은 새사람을 입은 성도들이 실천해야 할 지침을 명령합니다. 이를 두 가지로 요약하면 첫째, 하나님을 본받는 자가 되라는 것이고, 둘째, 사랑 가운데 행하라는 것입니다(엡 5:1-2).

먼저 새사람을 입은 성도는 하나님이 어떤 분이신지 알아야 합니다. 1절은 "그러므로"로 시작하는데, 앞 장과 연결되고 있음을 의미합니다. 4장 마지막 말씀은 "서로 친절하게 하며 불쌍히 여기며 서로 용서하기를 하나님이 그리스도 안에서 너희를 용서하심과 같이 하라"입니다. 그러므로 하나님을 본받아 그리스도처럼 서로 사랑하라는 것입니다. 또한 '사랑 가운데서 행하라'라는 말은 그리스도가 자신의 몸을 버리신 것같이 서로 사랑하라는 의미입니다.

새로운 공동체의 특성이자 새사람을 입은 성도의 삶의 방식은 서로 사랑하는 것입니다. 그리스도가 사랑하신 것같이 서로 사랑하는 것입니다. 그리스도는 자신을 향기로운 제물과 희생 제물로 하나님께 드리셨는데, 그처럼 사랑하되 말로만 아니라 타인을 위해 자신을 내어놓는 이타적인 사랑을 해야 합니다.

사랑이 없으면 아무것도 아닙니다. 사랑이 없이 천사의 방언을 하면 소리 나는 꽹과리처럼 시끄러울 뿐 아무 소용이 없습니다. 예언하는 능력이 있고 모든 비밀과 모든 지식을 알고 산을 옮길 모든 믿음이 있어도 사랑이 없으면 아무것도 아닙니다. 내가 내게 있는 모든 것으로 구제하고 또 내 몸을 불사르게 내줄지라도 사랑이 없으면 내게 아무 유익이 없습니다. 소그룹에서 교인들과, 이웃들과, 가족들과 함께 할 때 우리가 새로운 공동체의 일원으로서 해야 할 가장 우선적인 일은 그리스도가 우리를 사랑하신 것같이 계산하지 말고 무한히 서로 사랑하는 것입니다. 사랑은 쉽지 않습니다. 내 것을 내어놓고 손해를 봐야 진정 사랑할 수 있습니다.

이어서 바울은 '말'에 대해 이야기합니다.

그런즉 거짓을 버리고 각각 그 이웃과 더불어 참된 것을 말하라 이는 우리가 서로 지체가 됨이라 엡 4:25

신자는 거짓을 버리고 참된 것을 말해야 합니다. 우리는 거짓말을 너무 쉽게 생각하는 경향이 있습니다. 거짓말은 결코 작은 죄가 아닙니다. 예수님을 믿는 사람은 말한 것을 지키며, 거짓을 말하거나 일구이언하지 않아야 합니다. 진리를 따르는 사람들에게는 진실이 생명과도 같기에 그들은 손해를 보더라도 진실을 말합니다.

이어지는 26절에서 바울은 분노하지 말라고 하고, 28절에서는 도둑질하지 말 것을 이야기합니다. 예수님을 믿는 사람들은 성실하게 일해야 합니다. 성실하지 않으면 남에게 피해를 줍니다. 나만 배부르고 끝나는 것이 아니라, 도둑질을 하지 않는 것으로 끝나는 것이 아니라, 자기 손으로 일해서 번 수입으로 다른 사람을 돕는 단계까지 가는 것이 "도둑질하지 말라"라는 말씀의 완성이요, 그리스도의 수준이라고 바울은 말합니다.

또한 29절에서는 덕을 세우는 말, 은혜로운 말을 하라고 합니다. 언어의 변화를 지적합니다. 그리스도의 품성은 말로 드러납니다. 우리는 더러운 말을 하지 말고 유익한 말, 공동체에 덕을 세우는 말을 해야 합니다. 또한 30절에서는 하나님의 성령을 근심하게 하지 말라고 하는데, 이는 성령의 가르침을 무시하지 말라는 뜻입니다. 또한 바울은 악독을 버리고, 용서를 베풀라고 말합니다. 옛 사람과 새사람의 구분점이 용서라는 의미입니다.

십자가의 은혜를 경험하면 용서하지 못할 사람이 없습니다. 살다 보면 힘들게 하는 사람들이 있는데, 그들을 빨리 용서하는 법을 배워야 합니다. 용서하지 않으면 내 삶을 황폐하게 만들 수 있습니다. 용서는 자기 자신을 위해서 하는 것입니다.

새사람과 옛 사람은 확연이 다릅니다. 모호하지 않습니다. 새사람은 새로운 공동체의 일원이 되었기에 공동체 안에서 라이프스타일이 달라져야 합니다. 신앙 안에서 자아가 강화되면 안 되고 오히려 깨어져야 하며, 자기를 부인하며, 끊임없이 다른 사람을 섬기기 위해 자기의 것을 해체하는 작업을 해야 합니다. 그러다 보면 마침내 자아가 자기만족이나 쾌락과 방종이 아니라 하나님 나라를 세우고, 이웃을 세우고 사랑하는 방향으로 흘러갑니다. 우리는 새로운 공동체의 일원으로서 우리가 속한 공동체를 세워 가는 데 힘을 써야 합니다.

빛의 자녀로서 살라

바울은 믿지 않는 사람들이 가득한 세상에서 '빛의 자녀'라는 성도들의 새로운 삶을 제시했습니다.

> 너희가 전에는 어둠이더니 이제는 주 안에서 빛이라 빛의 자녀들처럼 행하라 엡 5:8

빛은 존재 자체가 드러나게 되어 있습니다. 빛은 감추어지지 않습니다. 즉 바울의 이 말은 '너희는 빛이기 때문에 어디를 가든 아주 작은 행동을 하더라도 사람들의 눈에 띈다. 따라서 빛의 모습을 드러내야 한다'는 의미입니다. 우리가 빛이기 때문에 많은 사람이 우리를 지켜봅니다. 우리의 정체성은 드러나게 되어 있습니다.

존 스토트는 《제자도》(IVP, 2010)에서 "지금 어두운 세상에 동화될 것인가, 불순응할 것인가? 우리는 이 세상에 순응하지 않기로 결단한 사람들이다"라고 말했습니다. "너희는 이 세대를 본받지 말고"(롬 12:2) 저

교회를 말하다

항하라는 메시지입니다. '이 세대'란 이 세상의 사상, 이론, 가치관, 사고 방식, 비전, 주의, 트렌드 등으로, 그것들을 본받지 말라는 뜻입니다.

오늘날 이 세상에 본받지 말아야 할 것 중 대표적인 한 가지는 물질주의입니다. 가장 큰 전쟁이 돈과의 싸움입니다. 돈이 신입니다. 전세계에 가장 많은 신자를 거느리고 있는 종교는 맘몬입니다. 최근 이슬람이 급속하게 증가하고 있는데 곳곳에 돈을 뿌립니다. 그러나 이슬람이 거세게 치고 나가는 부분에 대해 두려워하지 않아도 되는 이유는 이슬람도 세속화, 물질주의에 다 무너지고 있다는 점입니다. 가장 강력한 우리의 싸움 대상은 이슬람도, 불교도, 타 종교도 아니고, 맘몬 종교입니다. 모두가 돈 앞에 무릎을 꿇습니다.

돈이 위력적입니까? 돈은 현세에 행복을 보장해 주기 때문에, 돈이 있으면 모든 것을 살 수 있기 때문에, 심지어 권력도 돈으로 살 수 있기 때문에 위력적입니다. O. J. 심슨(O. J. Simpson)은 유색인종으로서 백인 아내를 죽였는데 무죄로 석방되었습니다. 그 이유는 비싼 변호사를 고용했기 때문입니다. 죄인도 돈으로 무죄가 될 수 있는 무서운 세상입니다.

돈은 현세의 힘입니다. 신앙은 현실을 보장하는 것이 아니라 미래를 보장합니다. 사도 바울은 현세는 고난의 연속이라고 했습니다. 이교도의 세계에서 그리스도를 선택한다는 것은 불이익을 감수한다는 의미입니다. 현실에서 잘 먹고 잘살겠다면 기복주의, 현세적 신학을 선택해 맘몬을 추종해야 합니다. 그러나 먹고사는 문제가 끝나면 딜레마에 빠집니다.

기독교는 현실에만 머무르면 안 되고 내세를 향해야 합니다. 이 세상에서 답을 얻으려고 하면 세속화의 늪에 빠집니다. 우리의 소망은 그리스도 안에 있습니다. 지금의 고난은 장차 나타날 영광에 비교가 되지 않습니다. 돈은 우리가 싸워야 할 대상입니다. 우리는 이 세상의 빛으로서, 세상이 추구하는 것과 다른 것을 추구해야 합니다.

그렇다면 어둠 가운데 불순종의 아들들의 모습은 어떠합니까?

음행과 온갖 더러운 것과 탐욕은 너희 중에서 그 이름조차도 부르지 말라 이는 성도에게 마땅한 바니라 누추함과 어리석은 말이나 희롱의 말이 마땅치 아니하니 오히려 감사하는 말을 하라 엡 5:3-4

바울은 음행과 온갖 더러운 것과 탐욕은 이름도 부르지 말고 강경하게 대하라고 말합니다. 오늘날 한국 사회는 개인주의, 물질주의, 쾌락주의 등 자유와 방종이 구분이 안 됩니다. 개인의 만족과 행복만 추구하다 보니 윤리 기준이 없어졌습니다. 또한 바울은 누추함과 어리석은 말이나 희롱의 말을 하지 말라고 합니다. 언어의 타락입니다. 우리는 감사하는 말을 자주 해야 합니다.

이제 믿지 않는 자와 지내는 성도들은 빛의 자녀로서 어떤 삶의 열매를 맺어야 하는지를 말합니다.

너희가 전에는 어둠이더니 이제는 주 안에서 빛이라 빛의 자녀들처럼 행하라 빛의 열매는 모든 착함과 의로움과 진실함에 있느니라 엡 5:8-9

빛의 자녀로서 성도가 맺어야 하는 열매는 모든 착함과 의로움과 진실함의 열매입니다. 신자는 열매로 알게 됩니다.

빛의 자녀로 산다는 것이 무엇인지를 에베소서 5장 10-14절에 근거해 세 가지로 살펴보겠습니다. 첫째, "주를 기쁘시게 할 것이 무엇인가 시험하여 보라"(엡 5:10)라는 말씀처럼, 우리 삶의 기준이 하나님을 기쁘시게 하는 것이 되어야 합니다. 나의 기쁨이 아니라 하나님의 기쁨이 중요합니다. 둘째, 믿지 않는 이들이 행하는 어둠의 일을 하지 않아야 합니다. 셋째, 믿지 않는 이들이 행하는 어둠의 일을 빛의 자녀로서 책망하고 폭로해야 합니다. 잘못을 무조건 덮어서는 안 되고 어두운 것이 있다면 빛으로 드러내야 합니다.

복음을 듣고 변화된 성도의 삶에는 윤리적 변화가 일어나야 합니다. 믿음을 삶의 현실에 드러내는 삶을 살아야 하는 것입니다. 믿고 있는 것과 사는 것의 일치를 이루는 것을 신앙생활이라고 말하고, 또한 신앙이 생활로 연결될 때 신앙생활이라고 합니다. 그러한 삶의 변화를 세상 사람들이 보고 충격을 받아 "어떻게 변화되었는가!" 하며 궁금해해야 합니다. 한두 사람이 아니라 우리 모두가 그렇게 살아간다면 그 공동체가 존재하는 주변 도시를 흔드는 변화가 일어납니다.

우리 한 사람, 한 사람이 빛의 자녀로 살아간다면 이 지역 사회를 흔들어 놓고도 남습니다. 초대 교회 소수의 그리스도인들이 썩어진 밀알이 되자 로마가 뒤집어졌습니다. 이제 우리 차례입니다.

Chapter 11

성령 충만함으로의
초대

새로운 정체성을 가진 그리스도인은 첫째, 지혜 없는 자와 같이 하지 말고 지혜 있는 자와 같이 해야 하고, 둘째, 어리석은 자가 되지 말고 주의 뜻이 무엇인가 이해해야 하고, 셋째, 술 취하지 말고 성령으로 충만해야 합니다.

술 취하지 말라 이는 방탕한 것이니 오직 성령으로 충만함을 받으라 엡 5:18

하지 말아야 할 것과 해야 할 것

바울은 성령 충만한 삶에 대해 이야기합니다. 성령 충만한 사람은 지혜 있는 자와 같이 살 수 있고, 주의 뜻을 이해할 수 있습니다. 술 취함과 성령 충만의 공통점이 무엇일까요? 각각 술과 성령의 지배를 받아 내 마음대로 할 수 없다는 것입니다. 그렇다면 차이점은 무엇일까요? 술은 활성제가 아니라 억제제 역할을 한다고 합니다. 술 취함은 곧 방탕함, 혼미함과 연결되며, 흔히 '필름이 끊긴다'고 말하듯 무슨 일을 할지 모르고 짐승이 되어 버립니다. 그런데 성령은 굉장한 자제력을 가져다주시고, 우리에게 있는 가장 좋은 것들을 활성화하는 역할을 하십니다. 이해력이 극대화되고, 지혜가 충만해지고, 자제력과 분별력과 판단력이 최고 효율을 내게 하십니다. 삶에 균형을 잡아 주십니다. 즉 성령은 영적인 활성화 상태를 우리에게 안겨 주십니다.

성령 충만한 사람은 어떤 사람입니까? 과거에는 '성령 충만'이라고 하면 교회 안에 외골수적이고 흔히 '성령파'라고 불리는 사람, 목소리가 걸걸하고 초췌한 얼굴에 늘 기도원을 왔다 갔다 하는 사람을 떠올리는 경우가 종종 있었습니다. 그러나 사실 성령 충만한 사람은 가장 매력적인 사람입니다. 온몸에 성령의 아홉 가지 열매를 지니고 살아가는 그리스도를 닮은 사람이 어떻게 매력적이지 않을 수 있겠습니까.

성령 충만한 사람은 종교화된 신자나 교회 안에 정형화된 신자와는 차원이 다릅니다. 성령이 지배하시는 사람은 가장 인간답고, 매력적이고, 사람들에게 거룩한 영향을 끼치고, 지혜 있고 사려 깊고 분별력과 통찰력과 이해력이 높은 삶을 살아갑니다. 성령은 지혜의 영이시기에 성령이 지배하시면 전혀 다른 삶을 살게 됩니다.

우리가 성령 충만을 구해야 하는 이유는 성령 충만하면 하나님의 말씀을 깨닫는 것도 달라지기 때문입니다. 말씀이 머리부터 발끝까지 전율로 전해지며 영혼을 사로잡는 역사를 성령이 하십니다. 성령은 우리로 하여금 신령한 것을 깨달아 어리석은 자가 되지 않고 분별하는 삶을 살아가게 해 주십니다.

시간은 우리에게 주어진 기회입니다. 기회는 언제나 지나갑니다. 기회는 앞에는 머리숱이 많고 뒤에는 대머리라서 앞에서는 잡을 수 있지만 뒤에서는 잡을 수 없다고 합니다. 한마디로, 기회는 시간이 지나가면 잡을 수 없으니 기회가 온 지금이 중요하다는 의미입니다. 시간에 적극적인 태도는 지금 주어진 시간에 최선을 다하는 것입니다. 항상 '그때 잘할 걸' 하며 후회하는 삶을 살지 말고, 시간의 모든 영역에서 충실한 삶을 살아가야 합니다.

저는 시간만 나면 시간을 삽니다. 시간을 내 것으로 만들기 위해 시간을 저축합니다. 그렇지 않으면 금방 부도가 납니다. 마찬가지로, 시간이 없는데 막 써서는 안 됩니다. 우리는 시간을 적극적으로 사야 하고, 써야 합니다. 낭비되고 있는 시간이 언제인지 살펴봐야 합니다. 시간 사용에 있어서는 우선순위가 분명해야 합니다. 그렇지 않으면 시간이 낭비됩니다. 매일 우리 삶의 시간에 있어서 최우선은 하나님과의 관계, 즉 말씀 묵상과 기도입니다. 아무리 바쁜 일이 있어도 하나님과의 일대일 관계가 우선순위가 되어야지, 빼앗겨서는 안 됩니다. C. S. 루이스(C. S. Lewis)는 "우선순위를 지키지 못하면 나중에 차선도 못 지킨다. 우선을 지키지 못하면 나중에 아무것도 못한다. 먼저 무엇을 할 것인지 정립이 되어 있어야 한다"라고 말했습니다.

돈은 있다가도 없고 잃어버리면 벌 수 있지만 시간은 지나가면 끝이라 억만금을 주어도 복구할 수가 없습니다. 지금 이 시간은 역사 속에 지나가면 다시 오지 않습니다. 돈을 많이 들인다고 젊은 시절로 돌아갈 수 없습니다. 그러므로 우리는 시간을 아끼되, 무조건 아끼는 것이 아니라 시간의 방향성을 잘 살펴야 합니다. 무엇을 위해 시간을 아끼는지, 시간을 사용하는 내용이 중요하다는 의미입니다. 시간 관리는 우리 삶의 목적과 내용의 문제입니다.

결국 그리스도인의 삶은 이기적인 삶에서 이타적 삶으로 가야 합니다. 많은 사람이 시간을 아끼지만 자기중심적으로 시간을 사용합니다. 자신의 몸매 관리를 위해, 자신을 위한 여행을 떠나기 위해, 자신을 꾸미기 위한 옷을 쇼핑하기 위해 시간을 씁니다. 그리고 요즘은 기-승-전-가정인 듯합니다. 여기서 '가정'은 내 가정, 이기적인 가정, 개인적인 삶을 말합니다. 반면, 공동체 의식은 굉장히 약합니다. 성공만

좇다 보면 성공을 해도 딜레마에 빠집니다. 왜냐하면 사람은 의미를 추구하는 존재이기 때문입니다. 전도서 기자처럼 '내가 이렇게 죽도록 달려왔는데 고작 이건가?' 하며 허무해지는 것입니다.

이제는 이기적 삶에서 이타적 삶으로, 개인적 삶에서 공동체적 삶으로, 성공 추구 삶에서 의미 추구 삶으로 이동해야 합니다. 이를 위해 시간 관리(삶의 목적, 삶의 내용, 삶의 방향성)가 중요합니다. 밥 버포드(Bob Buford)는 《하프타임》(국제제자훈련원) 시리즈에서 전반전에 실패했어도 하프타임에 제대로 정렬하면 후반전에는 승리로 전환할 수 있다고 말합니다. 우리는 인생의 전환점인 하프타임에 시간을 내서 조절해야 합니다.

현대인들은 시간의 지배 안에 있기에 누군가를 돕고 싶어도 시간이 없어서 할 수가 없습니다. 누군가에게 매여 있고 돈을 벌어야 하기 때문에 속수무책입니다. 굉장히 힘든 딜레마입니다. 의미 있는 삶을 살려면 시간을 확보해야 합니다. 시간이 수중에 없을 때는 누군가를 통해 시간을 통제받고 쫓기는 인생이 됩니다. 그러면 피곤해집니다. 시간 관리는 우리의 삶에서 큰 이슈입니다. 시간은 빨리 갑니다. 우리는 시간 관리를 통해 성령 충만으로 가야 합니다. 질을 향상시켜 분명한 목표와 집중력을 가져야 합니다. 성령이 지혜를 주시면 통찰력이나 이해력이 명료해지고, 모든 것의 핵심을 정확하게 파악하는 힘이 주어집니다. 그때 효과적인 시간 관리가 이루어집니다. 성령 충만으로 귀결됩니다.

우리는 세상 사람과 경쟁이 안 되는 사람들입니다. 하나님의 진리의 말씀을 늘 듣고 그 말씀 안에서 살아가는 성령의 사람들의 머릿속에는 1급수가 흐르고 있습니다. 세상 안으로 가 보면 탁류가 흘러 물고기가 살 수가 없습니다. 사실 성령 충만하면 세상 사람들과 비즈니스를 해도 경쟁이 안 됩니다. "하나님, 지혜를 주십시오. 어떻게 하면 사업을 잘할 수 있나요? 최상의 상태로 문제를 해결하게 해 주십시오"라고 기도하면 아이디어가 번쩍 떠오릅니다. 삶의 방향과 목표가 단하나 주님의 영광이고, 주님의 교회를 섬기고 사랑하고 거룩을 추구하고 성령으로 충만하면 이 세상과 겨룰 때 넉넉히 이깁니다.

성령 충만한 성도들에게 맺히는 열매

에베소서 5장에는 성령 충만한 성도들에게서 볼 수 있는 네 가지 열매를 소개하고 있습니다.

시와 찬송과 신령한 노래들로 서로 화답하며 너희의 마음으로 주께 노래하며 찬송하며 범사에 우리 주 예수 그리스도의 이름으로 항상 아버지 하나님께 감사하며 그리스도를 경외함으로 피차 복종하라 엡 5:19-21

시와 찬송과 신령한 노래를 부릅니다. 마음으로 노래하며 찬송합니다. 범사에 하나님께 감사합니다. 서로 복종합니다. 정리하면, 교제, 예배, 감사, 상호 복종 등 네 가지입니다. 성령 충만하면 하나님과의 관계와 공동체 안에서 다른 사람과의 관계, 즉 수직적이고 수평적인 관계가 회복된다는 의미로서, 최고의 삶을 산다는 것입니다. 이처럼 성령 충만은 아름다운 공동체를 만들어 갑니다.

하나님의 공동체가 살아나는 데 필요한 것이 성령 충만입니다. 성령 충만은 결코 이기적이고 자기중심적으로 나타나서는 안 됩니다. 어떤 사람에게 성령 충만을 왜 구하는지 물어보니까 친구가 받아서 자기도 받아야 된다고 했습니다. 성령 충만은 교회 공동체 안에서 경쟁적이고 비교적인 관점에서 필요한 것이 아닙니다. 성령 충만은 하나님 나라와 공동체를 위해 필요합니다.

성령 충만하려면 어떻게 해야 합니까? 성령 충만을 위해 기도해야 합니다. 마태복음에서 예수님은 "구하는 자에게 좋은 것으로 주시지 않겠느냐"(마 7:11)라고 말씀하셨는데, 누가복음에서는 '좋은 것'을 '성령'으로 밝혀 말씀하셨습니다(눅 11:13). 기도 응답 중에 가장 좋은 것은 성령 충만을 받는 것입니다.

성령 충만이 주는 축복 중에 하나는 하나님의 일이 어렵지 않아지는 것입니다. 내 힘으로 하면 힘듭니다. 감당할 수 없는데 감당하기 때문에 시험에 드는 것입니다. 문제가 있는 것이 아니라 내가 담아낼 만한 능력이 안 되고, 내가 해석할 수 있는 능력이 부족한 것입니다. 자기 용량이 적으니 자기 관점에서 보면 시험에 드는 것입니다. 성령 충만하면 내 힘이 아니라 성령이 감당하게 하시므로 힘이 들지 않습니다. 1톤 트럭에 짐 1톤을 싣고 가면 가기는 가는데 오르막길에서 힘이 듭니다. 그러나 5톤 트럭에 짐 1톤을 싣고 가면 가뿐합니다. 성령 충만도 마찬가지입니다. 성령 충만하면 기쁨이 충만하고, 즐겁고, 하는 일마다 넉넉히 감당하게 됩니다.

중요한 점은 기도하며 성령 충만을 구해야 한다는 것입니다. 기도로 성령 충만을 얻는 것이지 거저 얻어지지 않습니다. 오순절 성령 강림 사건도 마가 다락방에 120여 명의 성도들이 모여 기도할 때 성령이 바람처럼, 불처럼 임하셨습니다. 바람과 불은 능력을 말합니다. 성령이 임하시면 초자연적 역사가 일어납니다. 성령 충만은 위로부터 임하는 것 같지만, 사실은 내적인 충만함을 가져다주고, 그러다 내면적인 변화를 일으키고, 성품까지 변화되는 단계로 나아갑니다.

성령은 성품의 변화라는 아홉 가지 성령의 열매를 맺게 하십니다. 고린도 교회는 은사는 많았지만 성령의 열매는 적었습니다. 그들은 은사를 가지고 서로 싸우고, 경쟁하고, 육신적인 도구로 사용했습니다. 바울은 고린도전서 12장과 14장에서 은사에 대해 이야기하는데, 그 사이 13장에 '사랑 장'을 넣었습니다. 사랑은 성품에 관한 이야기입니다. 은사로 싸우는 고린도 성도들에게 사랑이 없으면 아무것도 아니니 사랑을 구하라고 말한 것입니다. 사랑만이 영원합니다.

오늘날 한국 교회는 성경 공부, 예배, 건물은 과거보다 세련되고 체계도 갖췄는데, 단 하나 기도가 약해졌습니다. 한국 교회에는 목에 핏대가 서도록 기도하는 기도의 야성이 있었는데 요즘은 기도의 세기가 줄어든 것을 체감합니다. 성령 충만하려면 기도해야 합니다. 기도밖에 할 것이 없습니다. 생명을 걸고 기도하면 안 될 일이 없습니다.

Chapter 12

교회가 가진
무기들

지상의 교회는 전투하는 교회입니다. 교회는 이 세상의 전장 한가운데 있는 것이고, 교회가 싸우는 대상은 마귀입니다. 전쟁은 이겨야 하지, 지면 포로가 되어 마귀의 종노릇을 하는 비참한 신세로 전락합니다.

영적 전쟁 한복판에 선 교회

마귀의 간계를 능히 대적하기 위하여 하나님의 전신 갑주를 입으라 우리의 씨름은 혈과 육을 상대하는 것이 아니요 통치자들과 권세들과 이 어둠의 세상 주관자들과 하늘에 있는 악의 영들을 상대함이라 엡 6:11-12

교회는 영적으로 성장해야 하는데, 이를 위해서 결코 피할 수 없는 일이 있습니다. 그것은 바로 씨름입니다. 씨름을 할 때 어마어마한 힘 겨루기가 있는데, 영적 전쟁도 그처럼 긴장감이 있다는 뜻입니다. 또한 영적 전쟁은 눈에 보이는 싸움이 아니기에 혈과 육으로 상대하면 진다는 의미이기도 합니다.

이 말씀을 시작하는 단락인 10절은 "끝으로"라고 표현하는데, '결론적으로 이야기하는데 영적 전쟁이 얼마나 중요한지 이해해야 한다'라는 의미입니다. 영적 성숙의 자리로 가기 위해서, 또한 사역을 하기 위해서 우리는 많은 영적 전쟁을 치러야 합니다. 영적 전쟁의 대상은 마귀, 여러 다른 표현으로는 '통치자들', '권세들', '이 어둠의 세상 주관자들', '하늘에 있는 악의 영들'입니다. 쉽게 말해서 이 세상을 다스리고 지배하는 영적인 존재들입니다.

사탄은 우리를 매우 조직적으로 공격합니다. 악한 일을 도모하는 일에 있어서 사탄은 정부 조직, 문화, 사회 이념과 사상, 정치, 경제, 관습 등 모든 영역에서 연합합니다. 영적 전쟁에서 상층부의 권력을 갖고 있는, 이 세상을 지배하고 있는 권세들을 상대한다고 생각하면 그리 간단한 이야기가 아닙니다.

마귀는 에덴동산에서부터 실존해 아담과 하와를 유혹했고, 예수님이 공생애를 시작하실 때도 공격했습니다. 실존하는 악의 영들이 공격을 한 것입니다. 따라서 우리는 이 전쟁을 영의 눈으로 봐야 합니다. 마귀는 그리스도의 십자가 사건을 통해 여자의 후손이 그(뱀) 머리를 밟아 이미 힘을 잃어버렸습니다. 그럼에도 마귀는 마지막 날까지 힘을 가지고 있어 지금도 삼킬 자를 찾아 두루 다니고 있습니다(벧전 5:8). 욥기 1장에는 마귀가 "땅을 두루 돌아"(욥 1:7)라는 표현이 기록되어 있습니다. 마귀는 열심히 돌아다니다가 예수님을 찾아와 시험했습니다. 이에 예수님은 마귀의 세 번의 시험을 말씀으로 물리치셨습니다.

> 이에 마귀는 예수를 떠나고 천사들이 나아와서 수종드니라 마 4:11

이 말씀은 의미심장합니다. 예수님이 마귀를 물리치시니까 마귀가 떠나갔습니다. 완전히 사라지지는 않았습니다. 예수님이 돌아가실 때까지도 마귀는 역사하고 있었습니다. 가룟 유다에게도 역사해서 예수님을 팔 생각을 넣었고, 결국 그는 예수님을 파는 일에 사탄의 도구가

교회를 말하다

되었습니다. 베드로도 마찬가지였습니다. 그는 "주는 그리스도시요 살아 계신 하나님의 아들이시니이다"(마 16:16)라고 신앙 고백을 한 뒤에 얼마 못 가서 예수님이 자신의 죽음에 대해 이야기하시자 "주여 그리 마옵소서 이 일이 결코 주께 미치지 아니하리이다"(마 16:22)라고 말했습니다. 그러자 예수님은 "사탄아 내 뒤로 물러가라"(마 16:23)라고 말씀하셨습니다. 마귀의 역할을 하고 있고 마귀의 수종 노릇을 하고 있는 베드로를 책망하신 것이지만, 결국 베드로는 사탄이었습니다. 제자들에게도 예수님이 십자가를 지시는 일을 방해하는 마귀의 역사가 있었습니다.

우리 삶의 모든 영역에 영적인 눈을 떠야 합니다. C. S. 루이스가 말했듯이, 마귀, 마귀, 하는 것도 마귀의 전술에 걸려드는 것이고 마귀의 존재를 무시하는 것도 마귀의 전략입니다. 우리는 지금도 마귀는 활동 중이라는 사실을 기억하고 균형 감각을 가지고 생활 속에서 영적인 안테나를 세워 놓고 살아야 합니다.

마귀는 감정을 잘 사용합니다. 분노의 감정을 마귀가 사용하면 누구나 마귀에게 당할 수 있습니다. 교회도 마찬가지입니다. 분열해서 싸우다 보면 나중에 '우리가 마귀에게 당했다'라고 생각하며 후회하게 됩니다. 따라서 우리는 혈과 육을 상대하는 것이 아니기에 영적 분별력을 가져야 합니다. 부부끼리 대화하다가도 악화되면 속으로 "예수님의 이름으로 명하노니 사탄아, 물러갈지어다!" 하고 기도해야 합니다. 그러면 희한하게 분위기가 반전됩니다.

우리 삶의 모든 영역에 사탄이 개입하고 역사할 수 있다는 사실을 기억하십시오. 삼킬 자를 찾아 두루 다니는 사탄은 너무 무시해도, 지나치게 강조해도 좋지 않습니다. 우리의 씨름은 영적인 전쟁으로서 결코 쉬운 싸움이 아니며 팽팽한 힘겨루기라는 사실을 명심해야 합니다.

영적 전투를 위해 교회가 해야 할 일

교회는 영적 전투를 위해 무엇을 해야 합니까?

> 끝으로 너희가 주 안에서와 그 힘의 능력으로 강건하여지고 엡 6:10

첫째, 주 안에서와 그 힘의 능력으로 강건해져야 합니다. '주 안에서'와 '그 힘의 능력으로'입니다. 우리의 능력이 아니라는 의미입니다. 영적 전쟁은 우리의 힘으로 이길 수 없습니다. 마귀는 힘이 있고 궤계를 갖고 있습니다. 마귀는 교묘하기 때문에 우리의 힘으로 이기려고 하면 집니다. 따라서 영적 전쟁에서 우리가 가져야 하는 태도는 우리의 연약함을 인정하는 것입니다. 우리가 스스로의 연약함을 인정할수록 하나님의 능력에 매달리게 되고 하나님 앞에 엎드릴 수밖에 없습니다.

둘째, 마귀의 간계를 이기기 위해서는 하나님의 전신 갑주를 입어야 합니다.

> 마귀의 간계를 능히 대적하기 위하여 하나님의 전신 갑주를 입으라 엡 6:11

마귀는 이중성이 있어서 잘 속이고 교활하기 때문에 우리는 적을 잘 알아야 합니다. 자칫하면 속아서 낭패를 봅니다. 사람들은 적의 실체를 잘 파악하지 못하기에 실제로는 마귀와 싸워야 하는데 아군인 성도들끼리 싸우고 맙니다. 가장 나쁜 싸움이 내전이듯이, 아군끼리 총을 거누고 죽이는 것입니다. 한국 교회 안에 이런 일이 많습니다. 마귀는 싸움을 붙여 놓고 떠나갑니다. 우리끼리 싸워서는 안 됩니다. '전신 갑주를 입으라'는 것은 무장을 하라는 뜻입니다. 즉 마귀가 모든 영역에서 공격해 온다는 의미입니다. 마귀의 공격은 우리의 마음 안으로 들어옵니다.

교회와 우리 자신을 공격하는 마귀를 어떻게 인식하고, 그런 인식은 왜 해야 할까요? 경계심을 가지기 위해서입니다. 마귀는 삼킬 자를 찾아 두루 다니고 있기 때문에 우리가 무장 해제하고 있으면 당할 수밖에 없습니다. 그러므로 우리는 항상 깨어 있어야 합니다. 우리가 언제 마귀의 시험에 듭니까? 신앙생활을 느슨하게 할 때, 기도를 하는 둥 마는 둥 하고 영적으로 잠들어 있을 때입니다.

그러므로 깨어 있는 영성은 매우 중요합니다. 매일 새벽 기도회에 온다고 깨어 있는 것이 아닙니다. 매일 새벽 기도회에 나오지만 영적으로 잠든 사람이 있을 수 있습니다. 영이 깨어서 하나님과 교통하는 상태를 유지하는 것은 결코 쉽지 않습니다. 또한 분주하면 피곤해집니다. 기도는 노동이기에 막대한 에너지가 들어갑니다. 피곤한 몸으로 강력한 에너지를 필요로 하는 기도를 할 수 있습니까. 힘을 다른 곳에 빼앗겼는데 무슨 수로 기도할 수 있습니까. 그러다 보면 영혼이 잠들기 쉽습니다. 육체적인 잠과 영적인 잠은 멀지 않습니다. 먹고살기 바빠서 어쩔 수 없다고 핑계하지 말고, 힘들수록 기도 시간을 더 늘려야 합니다. 마르틴 루터는 너무 바빠서 기도한다고 했습니다. 바쁠수록 삶이 힘들기 때문에 기도 시간을 더 내서 기도로 문제를 해결해야 합니다. 기도하면 능력의 역사가 일어납니다.

하나님의 사람이 전신 갑주를 입어야 하는 이유가 이어지는 13절에 나옵니다.

> 그러므로 하나님의 전신 갑주를 취하라 이는 악한 날에 너희가 능히 대적하고 모든 일을 행한 후에 서기 위함이라 엡 6:13

먼저, 악한 날에 성도들이 능히 대적하기 위해서입니다. 이 말은 매일이 영적 전쟁이라는 뜻입니다. 마귀는 늘 공격해 오기 때문입니다. 특히 새로운 일을 시작하려고 할 때 총공격을 해 옵니다. 또한 전신 갑주는 영적 전쟁에서 승리한 후 면류관을 받고자 선 모습을 연상케 합니다. 영적 전쟁에서는 반드시 이겨야 하기에 전신 갑주로 무장해야 합니다. 전쟁에서 지면 비참해집니다.

하나님의 전신 갑주를 입으라

바울은 하나님의 전신 갑주가 무엇인지 하나하나 설명해 줍니다.

첫째, 진리의 허리띠는 군사의 옷을 단단히 묶어 주고 무기를 다는 용도로 사용합니다. 이는 영적 전쟁은 진리 싸움이라는 의미입니다.

교회를 말하다

진리를 분명히 알지 못하면 마귀가 미혹합니다. 성경을 애매하게 알고 있으면 당할 수 있습니다. 하나님의 말씀에 밝으면 거짓이 금방 드러납니다. 영적 전쟁은 진리의 싸움입니다.

둘째, 의의 호심경은 가슴 부분을 무장하는 의의 흉배를 말합니다. 마귀는 참소자로서, 정죄하고 폭로하며 죄책감을 가지게 합니다. 죄책감을 가지면 낙심하고 절망하게 됩니다. 정죄는 정말 무섭습니다. 헌신자들조차 한순간에 아킬레스건을 끊어 버립니다. 그러나 성경은 "그리스도 예수 안에 있는 자에게는 결코 정죄함이 없나니"(롬 8:1)라고 말하며 우리에게 십자가로 완전히 용서받았다는 확신을 줍니다. 하나님의 용서를 믿고 충분히 받아들이며, 이미 회개를 끝낸 죄는 다시 생각하지 말고 낙심을 금해야 합니다. 가장 무서운 것이 죄책감입니다. 마귀는 우리의 죄책감을 사용합니다.

셋째, 평안의 복음은 복음의 이동성과 역동성, 전염성을 의미합니다. 때를 얻든지 못 얻든지 전도하는 것은 매우 중요합니다. 마귀를 공격하는 것 중 하나는 적극적으로 복음을 증거하는 삶을 사는 것입니다. 전도 현장은 영적 전쟁터입니다. 복음을 증거하다 보면 담대해집니다. 전도를 계속하는 사람은 영적으로 뜨거워져 있습니다. 현장에서 복음을 전하기 때문에 복음의 역사가 어떻게 나타나는지 생생하게 볼 수 있고, 복음에 반응하고 회심하는 사람들의 모습을 보면서 영혼이 살아나는 것이 느껴집니다.

넷째, 믿음의 방패입니다. 당시 방패는 큰 직사각형 모양으로 온몸을 가리는 형태였는데, 옆 사람과 방패를 겹겹이 결합하면 부대 전체를 감쌀 수 있었습니다. 그 방패는 3분 2는 나를 가리고, 3분의 1은 옆 사람을 가릴 수 있었습니다. 방패 뒤에만 서면 화살이 비 오듯 쏟아져도 다 막아 낼 수 있었습니다. 혼자 있으면 위험한데 함께 방패로 막으면 안전했습니다. 이처럼 공동체 안에서 함께하는 믿음은 매우 중요합니다. 내가 부족해도 공동체 전체의 믿음이 강할 때 내가 그 안에서 보호를 받을 수 있기 때문입니다.

다섯째, 구원의 투구는 머리에 씁니다. 머리 부분이 상하면 손실이 막대합니다. 뇌가 다치면 죽습니다. 그러므로 이것은 구원이라는 근본적인 문제를 말합니다. 구원의 확신은 매우 중요합니다. 구원의 확신이 없는 사람이 교회 안에도 수두룩할 것입니다. 구원의 확신이 없으면 신앙이 자라지 않습니다. 구원의 확신의 근거는 하나님의 말씀입니다. 구원의 확신을 가지고 있으면, 견고한 구원의 투구를 쓰고 있으면 겁날 것이 없습니다.

여섯째, 성령의 검입니다. 예수님은 말씀으로 마귀를 물리치셨습니다. 영적 전쟁에서 공격용 무기가 바로 성령의 검입니다. 우리는 말씀으로 성령에 의지해 마귀를 공격해야 합니다. 성령의 검을 들어야 영적 군사가 되는 것입니다. 예수님은 광야에서 마귀를 이기실 때 성령의 검을 사용하셨습니다.

그런데 검은 잘못하면 자기를 찌를 수 있고, 사고를 낼 수 있기에 잘 사용해야 합니다. 우리가 말씀의 검을 제대로 사용하면 성령의 도우심을 받을 수 있습니다. 히브리서 4장 12절에 의하면, 하나님의 말씀은 좌우에 날 선 어떤 검보다도 예리합니다. 말씀이 성령에 의지하

교회를 말하다

면 적의 폐부를 깊숙이 찌르는 것입니다.

에스겔 골짜기에는 마른 뼈들이 있었는데, 하나님은 에스겔에게 "너희 마른 뼈들아 여호와의 말씀을 들을지어다"(겔 37:4)라고 이 모든 뼈에게 대언하라고 하셨습니다. 사람의 형체만으로는 온전하지 않습니다. 말씀으로 인해 성령의 바람이 불어야 합니다. 이처럼 성령과 말씀은 함께 가야 합니다. 우리는 말씀을 묵상할 때 성령의 도우심으로 묵상해야 합니다. 누군가를 권면할 때도 성령의 도우심으로 권면해야 하고, 성령을 의지해 영적 사건을 해석해야 합니다. 그래야 분별할 수 있고, 영적 전쟁에서 이길 수 있습니다.

전신 갑주를 입은 성도들이 영적 전쟁에서 반드시 해야 할 일이 있습니다.

모든 기도와 간구를 하되 항상 성령 안에서 기도하고 이를 위하여 깨어 구하기를 항상 힘쓰며 여러 성도를 위하여 구하라 엡 6:18

영적 전쟁 중에는 하나님과 교신이 필요하고 성도들과 연결되어 있어야 합니다. 전쟁 중 사령관 옆에는 무전관이 늘 따라다녀 최종 결정권자에게 작전 지시를 받아야 하는 것과 마찬가지입니다. 성도는 성령 안에서 깨어 기도해 하나님의 지도를 받아야 합니다. 영적 전쟁에서 이길 수 있는 힘을 공급받는 것입니다. 또한 여러 성도를 위해 기도해야 합니다. 아군끼리 싸우지 말고 서로를 위해, 사역자를 위해 기도하라는 뜻입니다.

하나님의 전신 갑주로 무장하고 있습니까? 영적 전투에 어떤 자세로 참여하고 있습니까? 또한 오늘의 교회는 어떤 영적 전투 가운데 있을까요? 개인은 개인대로, 교회는 교회대로 영적 전쟁 중입니다. 요한계시록을 보면, 마지막 때까지 마귀가 길길이 날뛴다는 사실을 알 수 있습니다. 사도행전을 보면 영적 전쟁이 일어났습니다. 결코 우연히 일어난 일들이 아닙니다. 마귀는 특별히 복음 전도를 방해합니다. 전도의 문을 막으려는 것입니다. 이 사실을 잘 알고 마귀를 봉쇄하는 기도를 해야 합니다.

사탄이 많이 역사할 때는 중요한 일이 시작될 때입니다. 부흥이 일어날 때, 영혼 구원의 역사가 일어날 때, 하나님께 복종할 때입니다. 야고보 사도는 "그런즉 너희는 하나님께 복종할지어다 마귀를 대적하라 그리하면 너희를 피하리라"(약 4:7)라고 말했습니다. 마귀를 이기는 중요한 방법은 하나님께 복종하는 것입니다. 하나님의 말씀에 순종하는 삶을 살면 마귀가 우리를 피합니다.

그리스도의 부활 사건 이후에 이미 승리는 그리스도께 넘어갔습니다. 이미 승리는 우리에게 왔습니다. 그러므로 두려워하지 말고 마지막 날까지 주님의 도우심을 받고, 주의 권능의 손을 붙잡고 의지하고, 무릎 꿇고 기도하면 주님이 최종 승리를 안겨 주실 것입니다.

교회를 말하다

Part 4

교회의 교회 됨이란
무엇인가?

: 건강한 교회론

Chapter 13

한 영혼에
생명을 바치다

요즘은 변화가 빠릅니다. 변화를 감지하지 못하면 길을 잃어버리고 맙니다. 옛날에는 100년이 흘러도 변화가 거의 없었지만 오늘날은 10년, 아니 5년 차이가 거대한 변화를 가져옵니다. 교회 바깥에서 흘러가는 변화가 급박하므로 그 변화를 읽어 내려는 노력이 필요합니다. 결국 절대적 진리를 어떻게 풀어내야 하는지의 문제입니다.

인터넷과 스마트폰이 만든 문화는 대단합니다. 오늘날은 예배할 때 성경이 아니라 스마트폰 앱을 켜서 봅니다. 이런 것들은 단순한 기계 문명에 그치는 것이 아니라 신앙 전체에 영향을 줍니다. 무한 경쟁 시대입니다. 전체적으로 네트워크가 빨라졌습니다. 정치도 소셜네트워크서비스(SNS)의 영향을 받습니다. 사람들이 인터넷상에서 영향을 받는 영적인 존재가 있고, 의무적으로 참여하는 교회에 영적인 존재가 따로 존재합니다. 이 또한 무한 경쟁입니다.

한 영혼 사역에 초점을 맞추라

건강한 교회가 되려면 무한 경쟁 시대에 휘말리지 않고 한 영혼에 초점을 맞추어야 합니다. 개인이 가진 소명 의식이 표현되지 않으면 교회 내에서 모든 열정이 사장될 수 있습니다. 교회에 오래 있으면 사역자로서의 의무를 잊어버리기 쉽습니다. 배는 항구에 정박해 있으려고 만들어지지 않았습니다. 가장 큰 실패는 시도하지 않은 것입니다. 핵심적 가치를 보아야 합니다. 그래서 우리는 한 사람 철학에 눈을 떠야 합니다. 이것은 목회의 본질의 문제입니다. 본질이란 아무리 세월이 흘러도 변질되지 말아야 하는 것입니다. 목회자는 한 생명을 귀히 여기는 가치를 지키기 위해 몸부림을 쳐야 합니다. 이것을 놓치면 본질을 놓치고 방향을 잃게 됩니다.

목회는 방법이 아니라 태도입니다. 방법은 이럴 수도, 저럴 수도 있으나 태도가 바르면 세월이 흘러 빛을 봅니다. 성공의 원리가 아니라는 의미입니다. 예수님은 군중에 현혹되지 않고 소수에 집중하셨습니다. 대형 교회에 있다 보면 한 영혼의 가치를 귀중하게 여기는 태도에 문제가 생길 수 있습니다. 어떤 때는 사람들에 둘러싸여 치이기도 합니다. 우리는 집단적이기에, 그러다 보면 소수의 소리에 귀를 기울이지 못하게 됩니다. 소수의 원리가 묻혀 버리기도 합니다. 이제 우리는 한 사람의 소리에 귀를 기울여야 합니다. 기업도 마찬가지입니다. 호주에서 한 교민이 대기업의 전자 제품을 사고는 아쉬운 부분에 대해 글을 올렸더니 직원이 바로 찾아와 물건을 교환해 주었다고 합니다. 오늘날 대기업도 한 사람의 소리를 경청하고 있습니다.

우리 주님이 가지신 핵심적 원리는 하나였습니다. 한 영혼의 가치입니다. 우리가 얼마나 위험한 곳에서 살고 있는지는 한 사람의 가치를 귀중하게 여기기가 쉽지 않다는 것을 보면 알 수 있습니다. 한 사람이라도 전도를 해 보려는 마음을 가지고 있을 때 그 가치가 살아납니다. 한 영혼이 믿기까지 얼마나 힘든 과정을 거치는지를 보며 느껴야 합니다. 한 영혼의 가치에 집중하지 않으면 사역자로서의 가치를 잃어버리게 됩니다.

오스 기니스(Os Guinness)는 그의 책 《소명》(IVP, 2019)에 자신은 목사가 되지 않기로 했다고 합니다. 목사들은 비신자와 만날 기회가 없다

교회를 말하다

는 것을 알았기 때문입니다. 대형 교회에서 사역하다 보면 성도들과 수없이 접촉하고 그들의 수많은 아픔을 함께하다 보면 감정이 감당하지 못해 힘들어집니다. 자기도 모르게 감정을 억제하다 보니 충분히 공감해 주지 못하고 형식적이 됩니다. 그럴 수도 있지만, 문제는 자신도 모르게 영혼에 관심을 가지는 일에 무감각해지고 기술자가 되어 간다는 것입니다. 그렇게 되면 영성은 기대할 수 없게 됩니다. 사건과 사역과 사람에 대해서 진지함을 잃어버리고 맙니다. 한 사람을 귀중하게 여기지 않게 됩니다.

한 사람 철학을 밝혀 주는 것은 소그룹입니다. 내가 한 사람에게 얼마나 몰두하느냐에 관심을 가지지 않으면 소그룹도, 심방도 중요하지 않습니다. 교회에 몇 명이 왔냐가 아니라 '누가 안 왔는가'에 초점을 맞추어야 합니다. 따라서 소그룹의 활성화는 매우 중요한 이슈요, 한 영혼에 관심을 가지는 철학을 가진다면 우리는 자연히 소그룹에 관심을 둘 수 있습니다.

한 사람이 교회에 오는 일이 얼마나 어렵습니까. 우리는 수의 논리에 빠지면 안 됩니다. 소그룹을 교회적 차원에서 관리하는 시스템으로 생각하면 성공할 수 없습니다. 결국 사람들은 자신을 존중해 주는 대상을 찾게 됩니다. 군중 속 한 사람으로 남기를 원하지 않기 때문입니다. 그런데 우리의 문화는 목회자만의 문제가 아니라 성도들의 문제이기도 합니다. 사람이 많이 모이는 곳에서는 한 사람이 귀히 여겨질 수 없습니다. 경쟁이 생기고 불편해집니다.

오늘 우리는 한 사람 철학을 가져야 합니다. 한 영혼에 대해 가슴에서 우러나는 간절함을 가지고 그 아픔을 충분히 이해하고, 그를 위해 땀을 흘리며 기도해 보십시오. 수가 문제가 아니라, 성도들은 목회자가 자신을 어떻게 만나고 있는지 다 알고 있습니다. 오늘날은 심방을 원하지 않는 시대라고 말하지 마십시오. 사실 사람들은 심방을 원합니다. 나를 알아 주고 나를 위해 울어 주는 심방을 원합니다. 형식적인 심방은 아무도 원하지 않습니다.

우리의 사역에는 영혼이 채워져야 합니다. 교회는 사람입니다. 사람이 없으면 교회가 아닙니다. 교회를 세워 간다는 것은 그 영혼을 세워 간다는 것입니다. 핵심은 한 사람의 영혼이 온전케 되는 것입니다. 교회가 행사 중심이 되면 성도들이 수단이 될 수 있습니다. 사역만 하면 지칩니다. 생명의 가치를 아는 것이 더 중요합니다. 지금 자신이 사역하는 대상자가 예수 그리스도를 인격적으로 만났는지 확인하고, 그로 하여금 구원의 경험을 하도록 도와주어야 합니다. '그 영혼이 구원을 받았는가? 구원받은 사람이라면 계속적으로 영적인 영향을 받을 수 있는 시스템에 들어가 있는가?'를 점검해야 합니다.

영혼의 코치로서 영혼을 돌보는 일이 목회입니다. 성도들에게 "언제 은혜를 받으셨나요?"라고 질문해 보면 알 수 있습니다. 우리는 한 사람의 생명을 보아야 합니다. 제자 훈련을 하느냐는 그다음 문제이고, 가장 중요한 것은 영적 성장을 도와주고자 하는 목회자의 태도입니다. 그다음이 방법론이 되어야 합니다.

우리의 생명을 어디에 바쳐야 합니까? 영혼을 세우는 일에 바쳐야 합니다. 한 사람이 말씀을 듣고 반응하고 세워지는 모습을 보는 것만

교회를 말하다

큼 기쁨과 환희는 없습니다. 누군가 진리 안에서 변화받는 모습을 보면 목회자는 기쁨을 느낍니다. 사역을 의무로 하면 기쁨이 없고 지치게 됩니다. 기능적인 일만 하면 힘듭니다. 내 기쁨과 환희가 받쳐 주지 않으니 오래 가지 못하는 것입니다. 행사 중심으로 사람을 동원하는 것이 아니라 사람을 세워 주는 사역을 하면 그 속에서 에너지가 흘러 나옵니다. 프로그램은 프로그램일 뿐, 그 속에 담긴 사역의 가치가 뒷받침되어야 합니다. 프로그램과 좋은 책이 교회를 살리지 못합니다. 교회 사역의 초점은 영혼을 세우는 것이어야 합니다.

한 사람의 한 시간을 인생에서 가장 의미 있는 시간으로

호주에서 목회했을 때 두 가지의 자유를 누렸습니다. 세미나든 수련회든 어디든 갈 수 있는 자유와 책을 살 수 있는 자유였습니다. 목회를 하다보면 안목이 좁아지기 쉽습니다. 갇히기 싫었습니다. 그래서 여기저기서 돌아가는 상황을 볼 수 있었습니다. 사람들을 만나 섬기며 네트워킹하며 질문하면 모든 답을 얻을 수 있었습니다. 그들을 섬겼지만 사실은 제가 가장 큰 은혜를 받았습니다. 변화를 읽을 수 있었습니다. 왜 워런 버핏(Warren Buffett)과 식사하는 데 수십억 원 이상을 내겠습니까. 변화를 읽는다는 것은 쉽지 않습니다. 고수의 한 수를 얻기란 정말 어려운 일입니다. 어제의 방법은 안 됩니다. 방법은 변합니다. 성장주의의 폐해는 방법론에 빠지는 것입니다. 방법론은 유행이 있습니다. 지금은 유행을 좇다가는 길을 잃습니다.

우리는 반기독교적 문화에서 비기독교적 문화로 넘어가는 시대적

흐름과 변화를 읽어야 합니다. 반기독교는 기독교에 대한 관심이 남아 있지만, 비기독교는 관심조차 없는 것입니다. 지금은 크리스마스조차 위기를 맞이하고 있습니다. 얼마 전부터 미국의 경우 '메리 크리스마스'라는 용어를 사용하지 않고 있습니다. 'Happy Holiday'(행복한 휴일)라는 단어를 씁니다. 이러한 일이 기독교 국가에서 일어나고 있는 현상입니다. 이것이 비단 미국만의 문제일까요? 우리나라에서는 일어나지 않을까요? 오늘날은 인터넷 때문에 문화의 차이가 없습니다. 온 세계가 같이 영향을 받고 있습니다. 그래서 지금은 방법론의 싸움을 해서는 안 됩니다. 원리의 싸움을 해야 합니다. 원리에 대한, 본질에 대한 고민을 많이 해야 합니다.

책도 방법론은 버리십시오. 원리에 대한 책을 읽고 자기 안에서 무엇인가를 찾아내야 합니다. 누구 흉내도 내지 마십시오. 카피 목회를 하지 마십시오. 그 지역에 그분에게 맞는 목회가 있는 것입니다. 방법론을 이야기하는 세미나는 가지 마십시오. 교재를 팔아서 강사만 잘되게 되어 있습니다.

교회 주변의 문화를 잘 보십시오. 교회 주변의 환경 변화, 도시의 시대적인 변화, 사람들의 변화, 심리적인 변화, 가정의 변화, 인식의 변화, 문화의 변화 등을 자세히 보십시오. 변화를 모르면 지금 내가 어디에 서 있는지 모릅니다. 무엇을 해야 할지 모르는 것입니다. 하긴 하는데 잘못 시도하는 것입니다.

시대의 변화에 미동하지 않는 스타벅스의 하워드 슐츠(Howard Schultz) 회장의 철학이 그대로 녹아 있는 《Onward, 온워드》(8.0, 2011)

교회를 말하다

라는 책을 읽어 보셨습니까? 이전의 책《스타벅스-커피 한 잔에 담긴 성공 신화》(김영사, 1999)만 보아도 한 영혼의 원리가 담겨 있습니다. 그는 돈을 벌기 위함이 아니고 사람에게 행복을 주고 싶다고 말합니다. 《Onward, 온워드》에서 그는 사람이 중요하다고 말합니다. 커피를 말하지 않습니다. 본질을 말하고 있습니다. 오늘날 그런 철학 하나 없이 돈 들여 카페를 열면 망합니다. 지역 선정조차 그냥 하는 것이 하나 없습니다. 직원 교육, 음악 하나도 거대한 시스템 안에서 철학을 가지고 움직이고 있습니다.

거저 되는 것은 없습니다. 변화에 관련된 책들을 읽으십시오. 오늘날 사람들이 진짜 심방을 원하지 않을까요? 아닙니다. 그들의 문제를 들어 주고 길을 찾아 줄 사람이라면 언제든 환영입니다. 피곤한 이 시대에 사생활 침해를 받으면서까지 뻔한 심방은 하고 싶어 하지 않습니다. 이제는 한 사람을 만나도 그냥 만나는 것이 아니라, 소중한 한 시간을 내어 준 그에게 가치 있는 대가를 지불해 주어야 하는 것입니다. 그 만남 안에서 그의 깊은 고민에 대한 상담적 접근이 필요합니다. 질을 높여야 합니다. 그의 한 시간을 자기 인생에서 가장 의미 있는 시간으로 만들어 주어야 합니다. 질 높은 심방을 해야 합니다.

그러기 위해서는 그의 최근 상황이 어떠한지, 그의 깊은 고민과 그 너머의 생각을 읽어 내고 알아내는 감각이 있어야 합니다. 그리고 매번 같이 다니는 동역자들 또한 감동받을 정도의 말씀이 필요합니다. 그 가정에 딱 맞는 말씀을 전해 주어야 합니다. 치료도 해 줄 수 있어야 합니다. 목회자는 영혼의 치료사입니다.

Chapter 14

복음이
우선이다

목회에서 가장 중요한 것은 변화입니다. '사람들에게 영혼의 변화, 즉 내적 변화가 일어나고 있는가?'입니다. 로마서 12장 2절, "변화를 받아"라는 말씀에서 '변화'(change)는 근본적 변화를 뜻합니다. 바로 그 근본적 변화가 목회 현장에서 일어나고 있는가가 목회의 핵심입니다.

교회에서는 이처럼 사람이 변화를 경험하고 훈련된 후 일꾼으로 세워져야 합니다. 복음과 성령 안에서 변화를 경험한 사람이 일꾼으로 세워질 때 그 사람이야말로 진짜 일꾼입니다. 그런 변화 없이 일꾼으로 세운 후 직분을 주게 되면, 그것은 마치 사고를 예고하는 상황과 같습니다. 우리는 껍데기, 즉 외형적인 것들을 다루려고 할 때가 많습니다. 이제 내면의 변화에 집중해야 합니다.

복음은 사람을 내적으로 변화시킨다

예수님의 사역도 마찬가지였습니다. 가나 혼인 잔치에서 물이 포도주가 되는 근본적 변화가 예수님이 일으키신 첫 이적이었는데, 이것은 상징적 의미를 담고 있습니다. 당시 낡은 종교 체제의 무기력함이 바로 물 항아리의 모습이 아니겠습니까. 아무 일도 일어나지 않았던 물 항아리였지만 예수님이 오셔서 물이 포도주가 되는 근본적 변화를 일으키셨습니다. 바로 이것이 예수 그리스도 사역의 핵심이었다고 볼 수 있습니다. 그 변화는 결국 복음으로 일어난 것입니다.

그리스도의 십자가라는 복음이 성도들 안에 핵심적으로 들어가 그 영혼을 두들겨야 변화가 일어나는 것이지, 다른 방법으로는 변화가 일어나지 않습니다. 따라서 우리는 복음이 심방, 설교, 소그룹 성경 공부 등에서 어떻게 흐르고 있는지를 점검함으로써 복음의 위력을 실감해야 합니다.

바울은 "내가 복음을 부끄러워하지 아니하노니 이 복음은 모든 믿는 자에게 구원을 주시는 하나님의 능력이 됨이라 먼저는 유대인에게 요 그리고 헬라인에게로다"(롬 1:16)라고 말했습니다. 복음은 '모든 믿는 자에게 구원을 주시는 하나님의 두나미스(능력)'로서 파괴력이 강력합니다. 사실 열심히 사역하는데 변화가 없으면 헛삽질과 같습니다. 많지 않더라도, 단 한 명이라도 변화된다면 그 변화의 시너지는 엄청납니다. 그러므로 교회는 메시지 속에, 가르침 속에, 소그룹 속에, 모든 것 안에 복음이 정확히 외쳐지고 있어야 합니다.

그렇다면 복음적 환경이란 어떤 것일까요? 무엇보다 복음이 사람을 변화시킨다는 확신이 있어야 합니다. 원색적인 복음이 사람을 변화시킵니다. 좋은 설교인가는 내용적 문제보다는 '원색적인 복음이 잘 드러나는가? 죄가 정확하게 다루어졌는가? 인간 내면에 흐르는 본질적 문제인 숨어 있는 죄의 문제를 다루고 있는가?'를 점검할 때 알 수 있습니다.

교회는 직분을 주고 성도는 헌금을 하는 등 서로 기분 좋게 상거래하는 교회는 점점 위험해져 가는 것입니다. 그런 교회에서 복음을 정확하게 전하기란 어려운 일입니다. 그러나 복음으로 밀고 나가면 자신이 생깁니다. 복음이기 때문입니다. 양보할 수 없는 복음으로 밀고 나가면, 교회에서 이루어지는 봉사와 헌신이 복음 앞에 섰을 때 자기

교회를 말하다

를 강화하고 극대화하는 것인지, 아니면 십자가 앞에 깨어져서 점점 낮아지게 하는 것인지 다시금 점검해 보게 합니다. 복음은 낮아지고, 낮아지고, 낮아져서 더 이상 낮아질 곳이 없을 정도로 더 낮아지는 것이기 때문입니다. 이러한 복음을 다룬다는 것은 매우 진중한 일이요, 충격을 주는 일입니다. 인간의 본성과 위배되고 전혀 반대되는 것이기 때문입니다.

그러나 우리는 겉으로는 십자가를 말하고 있으나, 정작 십자가 앞으로 나가지는 않습니다. 그래서 복음을 다루게 되면 목회자가 먼저 심각한 위기에 처하게 됩니다. '복음을 선포할 만한 삶을 살고 있는가? 십자가 앞에서 나 자신을 얼마나 부인했는가?' 이 부분에서 자신 없으면 복음을 선포하기가 어려워지는 것입니다. 정작 자신이 목회를 하면서 더 많은 성공과 교회 규모 확장 등을 추구하는 모순적 삶을 살아가고 있으니, 그런 그가 복음을 말하면 성도들의 귀에 잘 들릴 리 없습니다. 십자가 앞에서 완전히 죽어야 하는데, 목회자 안에 있는 교만이 완전히 처리가 안 되어 있다면 선포하기가 어렵습니다.

저는 사람의 변화가 파장을 일으키는 모습을 보았습니다. 깐깐한 모태신앙인이 로마서 설교를 듣고 한 주 만에 변화되는 경우도 보았습니다. 그 모태신앙인을 아는 성도들이 그의 변화를 보고 더 충격을 받았습니다. 한 사람이 복음으로 뒤집혀 변화되면 파장이 보통 큰 것이 아닙니다. '나비 효과'인 것입니다. 진짜 복음을 듣고 근본적 변화가 일어나는 일이 교회 현장에서 나타나고 있는지 살펴보아야 합니다.

목회의 큰 축복은 사람이 변화되어 가는 모습을 보는 것입니다. 세상의 어떤 요인으로도 사람을 변화시키기란 어렵습니다. '인간은 변하지 않는다'는 결론을 스스로 가지고 목회를 하신 분이 있었습니다. 그분의 목회 사역 중에 변화되는 사람이 극히 드물었기에 목사님은 오랜 목회 사역을 힘들어하셨습니다. 이처럼 '인간은 변하지 않는다'라는 견고한 생각을 가지고 목회를 하면 어려운 목회 사역을 감당하기가 힘듭니다. 복음의 능력을 확인하지도 못하는 현장에서 어떻게 힘든 사역을 감당할 수 있겠습니까.

그러나 복음의 능력은 교회를 핍박하고 성도들을 죽이기까지 했던 사도 바울도 뒤집히게 한 큰 능력입니다. 아내가 교회 간다고 성경을 찢던 남편이 복음 때문에 한순간에 변하면 부부가 나란히 제자 훈련을 받으러 교회에 옵니다. 순한 양 같아집니다. 초신자가 교회에 와서 변화되면 20년 신앙생활을 해 온 사람이 초신자의 변화된 모습을 보며 큰 충격을 받습니다.

교회가 성장한다는 것은 사람들의 영혼에 변화가 일어난다는 것입니다. 반면, 교회가 어렵다는 것은 복음과 성령 안에서 변화가 일어나지 않는다는 것입니다. 성도들이 변화 없이 오랜 교회생활을 하고 있다는 것은 사고가 일어나기 직전이라는 의미입니다. 변화와 성장이 없이는 교회는 율법적인 구조가 됩니다. 심판, 판단, 정죄를 하며 외형적인 것에 중점을 둔 세련된 종교 집단이 됩니다. 온갖 의무의 진원지가 되며, 썩어질 것에 중점을 두게 되고, 목회자와 그가 전하는 메시지는 마사지(위로) 역할만을 담당하게 됩니다. 하나님의 말씀이 정확하게 자르고 도려내는 칼의 역할을 하지 못하게 되는 것입니다.

교회를 말하다

십자가의 도는 하나님의 능력

복음이 한 사람을 변화시켰다면 다른 사람도 변화시킬 수 있습니다. 복음은 여기서 통하면 저기서도 통합니다. 복음은 여기서도 유효하면 저기서도 유효합니다. 그러므로 복음을 듣고 정확하게 변화된 사람으로 하여금 간증하게 해야 합니다. 십자가의 복음이 모든 곳에서 불붙게 해야 합니다. 교회 내 설교, 심방, 기도회, 수련회, 모든 프로그램에 복음이 흐르게 해야 합니다. 교회의 정중앙에 복음이 있는 것은 매우 중요합니다. 프로그램이 중요한 것이 아니라, 복음을 전달하기 위해 프로그램이 존재해야 합니다. 사람을 변화시키는 것은 복음입니다. 그런데 우리는 복음을 무시할 때가 많습니다.

> 십자가의 도가 멸망하는 자들에게는 미련한 것이요 구원을 받는 우리에게는 하나님의 능력이라 고전 1:18

전도 집회에서 그 점을 많이 느끼게 됩니다. 내가 멋진 설교를 하려는 날에는 결신율이 떨어지는데, 인간의 죄라는 본질적인 복음으로 들어가서 십자가를 그대로 이야기하면 회중의 반응이 달라집니다. 우리는 복음이 조금 불완전하고 부족해 보여 나의 이야기를 많이 섞곤 합니다.

'십자가의 도는 하나님의 능력이다'라는 깊은 확신이 있어야 합니다. 복음을 제외시키면 설교나 프로그램이나 수련회나 소그룹 모임 등은 사회활동이 됩니다. 진짜 복음은 초신자에게나, 기존 신자에게

나, 중직자에게나, 모두에게 필요합니다. 그렇기에 우리 목회자들은 '내 사역의 중심에 복음이 있는가?'라고 항상 철저하게 질문해야 합니다. 복음은 액세서리가 아닙니다. 복음을 소홀히 여기면 목회는 세상적 방법으로 대체되기 쉽습니다. 인위적인 성장 방법론, 인본적인 시스템을 이야기하게 됩니다. 십자가로 돌아가야 합니다. 헌신자들이 십자가를 붙들고 있으면 희생자증후군이라는 시험에 들지 않습니다.

데이비드 브레이너드(David Brainerd) 선교사는 "그리스도의 십자가 앞에서의 어떠한 희생도 희생이라고 말할 수 없다"라고 말했습니다. 양화진 선교사 묘지의 묘비에 쓰여 있는 문구, "내 목숨이 천 개라도 조선 땅의 복음을 위해 바치겠다"라는 결단이 이루어진 원동력도 바로 십자가입니다. 십자가로 돌아가면 목회는 안전합니다. 십자가를 통과해야 합니다. 십자가 없이 헌신은 없습니다. 십자가가 없으면 온전히 자기 의, 자기 배짱, 자기 재주로 일합니다. 그런 성도들이 오랫동안 교회에 봉사하게 되면 자기 공로주의에 빠집니다. 하지만 십자가가 중심에 있는 성도들에게는 십자가가 자기 존재를 사라지게 하기에 진정한 헌신이 됩니다. 그들이 그리스도의 도를 따르는 까닭은 갈라디아서 2장 20절에 기록된 사도 바울의 고백처럼, 이제는 내가 사는 것이 아니기 때문입니다.

목회자가 성도들의 헌신에 격려를 하더라도 한계가 있습니다. 격려와 박수로 충분한 만족을 줄 수 없습니다. 인간의 기분을 맞춰 주는 목회를 하게 되면 끝도 없습니다. 십자가를 잃어버리면 목회를 하고 나서 자신의 수고에 대한 적당한 보상을 요구하게 되고, 성도들도 봉

교회를 말하다

사를 하고 나서 알아주길 원하며 그에 대한 적당한 보상과 요구가 뒤따르게 됩니다. 자신의 수고와 헌신에 대해 잊어야 합니다. 그렇지 않으면 자기 의가 됩니다. 승리의 마지막은 십자가여야 합니다. 수고하고 억울해할 필요가 없습니다. 하나님께 쓰임 받은 것이 감사하고, 복음을 위한 도구가 되었음에 만족해야 합니다.

복음으로 근본적 변화가 일어난 사람들이 일꾼이 되고, 하나님은 그들 각자에게 일을 맡기시고 그 일을 행하게 하십니다. 교회나 제도, 조직이 일을 시킬 수는 있지만, 그렇게 되면 힘이 들고 생명력이 부족해지며 지속력이 떨어집니다. 물론 그러한 과정을 거치기도 하지만, 근본적으로 일을 하게 하는 것은 복음입니다. 복음의 능력이 성도들을 헌신하게 합니다. 복음으로 일하면 무슨 기적이 일어날지 모릅니다.

Chapter 15

교회를
교회 되게

사자성어 중 '온고지신'(溫故知新)이 있습니다. 옛것을 익혀 그를 통해 새로운 것도 알아 감을 뜻합니다. 새로운 시대, 새로운 환경속에 교회는 변해 가지만, 여전히 변하지 않는 것도 있습니다. 오히려 굳건히 붙들어야 변화에 발맞추어 갈 수 있는 것이 있습니다. 운동선수가 현란한 개인기를 가지고 있다 해도 기본기가 부족하면 한계가 있듯이, 교회도 새시대에 발맞추어 가기 위한 변화는 필요하지만, 여전히 잊지 말아야 할 중요한 기본기가 있습니다.

변하는 세상, 변하지 않는 핵심을 붙들라

'변하지 않는 핵심'은 무엇입니까?

교회가 변함없이 붙들어야 할 원리, 공동체

현대인들에게는 소외, 외로움, 우울함, 친밀함의 욕구가 있습니다. 사람들은 요즘 관계를 원합니다. 그래서 관계의 풍성함에서 출발해 일로 나가면 좋습니다. 그런데 교회는 일 중심으로 해서 사람들을 움직이려 합니다. 관계 지향적인 구조는 곧 공동체인데, 공동체가 소그룹으로 가야 한다는 뜻입니다. 변함없이 앞으로 우리가 붙들고 가야 할 원리입니다.

흔히 셀(Cell)이라고 하는데, 공동체를 방법론으로 가져가지 말고 영혼들을 돌보는 관점에서 바라보아야 합니다. '현대인들이, 우리 교인들이 가지고 있는 연약함은 무엇이며 어떻게 우리가 그들을 돌보아야 할 것인가? 어떻게 성경적 모델로 갈 것인가?'에 초점을 맞추어야 합니다.

자꾸 방법론으로 셀을 배우고 구조적으로 바꾸는 일은 실패할 수밖에 없습니다. 영혼을 돌아보는 깊은 내면의 애정이 목회자의 밑바닥에 깔려 있어야 하는 것입니다. 소그룹을 활성화하는 이 문제를 자꾸 교회 성장 쪽으로 가져가려 합니다. 소그룹을 자꾸 교회 관리적인 차원으로 가져가려고 합니다. 그러면 다 안되게 되어 있습니다. 성도들은 관리의 대상이 아닙니다.

'공동체성을 어떻게 살려 낼 것인가?'가 중요합니다. '몇 명이 모이느냐?'가 중요한 것이 아닙니다. 결속력입니다. 그리스도의 몸으로서 얼마나 결속할 것인지를 고민해야 합니다. 결속력이 없다면 공동체의 미래는 어둡습니다. 단지 군중에 불과할 뿐입니다. 군중은 흩어집니다. 우리가 소그룹에 생명을 걸어야 할 이유입니다. 목회자가 수의 논리에 빠지면 다 빠져나갑니다.

의외로 목회자들이 소그룹에 약합니다. 소그룹에 들어가 소그룹을 하게 되면 목회자의 삶이 노출되기 때문입니다. 이것을 부담스러워합니다. 더 노출되면 성도들이 시험받고 떠나기가 쉽습니다. 개척 교회의 구조가 위험한 이유가 교인들과 직접 부딪혀 목회자의 인격과 삶이 쉽게 노출되기 때문입니다. 준비되어 있지 않으면 너무나 가까워 위험해지게 됩니다. 친밀할수록 위험합니다.

우리의 삶을 노출하지 않고서는 소그룹 안으로 들어가기가 어렵습니다. 소수 그룹 안으로 들어가면 식사 예절부터 다 걸립니다. 소그룹 안으로 들어가면 위험하지만, 그래도 소그룹은 이 시대의 대안입니다. 친밀감을 원하는 공동체성의 회복은 교회의 본질적인 부분이기

교회를 말하다

때문에 소그룹을 어떻게 진정한 그리스도의 공동체로 활용할 것인지, 셀들이 어떻게 잘 운영되게 할지 생각해 보아야 합니다. 결국 소그룹은 교회입니다.

교회가 반드시 붙들어야 할 정신, 제자도

도제 방식이 복구되어야 합니다. 작은 교회가 시도하기 쉽습니다. 대형 교회는 교역자가 많아도 어렵습니다. 지금 우리가 놓친 것은 삶을 다루는 일입니다. 이제 삶을 다루어야 합니다. 우리의 괴리는 말씀과 생활이 일치하지 않고 분리되어 있다는 것입니다. 교회와 가정이 따로 놀고 있습니다.

교회의 직분자도 마찬가지입니다. 예를 들어, 직분자를 뽑았지만 그가 가정에서 어떻게 살아가는지는 자세히 들여다보지 않습니다. 교회에서는 인정받으나 가정으로 들어가면 문제인 직분자들이 많습니다. 가족들과의 관계 속에 구체적으로 들어가지 않으면 신앙이 맴도는 것입니다. 신앙이 실종되는 것입니다. 교회 안에만 국한되는 이원론주의 문제가 드러납니다.

교회에서 예배를 잘 드리는 사람, 교회 앞자리에 앉아 있는 사람이 전부는 아닙니다. 그들 중에 신앙이 좋은 분들도 있을 수 있지만, 그렇지 않을 수도 있습니다. 목회자가 겉모습으로 속는 것입니다. 목회자가 모르는 것입니다. 우리가 교회에 필요한 일꾼만 찾는 것, 성도를 도구로만 생각하는 것은 시야가 굉장히 좁은 자세입니다. 좀 더 넓게, 종합적인 개념으로 바라볼 필요가 있습니다. 전체적이고 종합적인, 매우 균형 있는 주님의 제자를 세워 가야 합니다.

제자를 만드는 방식은 원래가 도제 방식으로 이루어집니다. 단체로 할 수 있는 것이 아닙니다. 그런 이유로 목회가 어려운 것입니다. 제자 훈련이 힘든 것입니다. 제자 훈련은 오랜 시간을 필요로 하는 긴 전쟁입니다. 목양은 성급할 수가 없습니다. 단기로 안 됩니다. '이 한 사람에게 내 생명을 걸겠다'라는 태도를 필요로 합니다.

저는 감사하게도 일찍부터 제자 훈련을 시도했습니다. 교육전도사를 처음 시작할 때 꼬마들 제자 훈련부터 했습니다. 큐티를 가르쳤습니다. 사람을 변화시키는 것이 쉽지 않다는 사실을 훈련을 통해 알았습니다. 목회는 공짜가 없습니다. 자기의 땀과 눈물을 섞어야 합니다. 영혼들을 붙잡고 씨름해야 합니다. 길고 긴 전쟁입니다. 그래서 목회자는 가장 기본적으로 성실해야 합니다. 제자 훈련은 성실하게 해야 합니다. 비가 오나 눈이 오나 해야 합니다. 시작했으면 끝까지 해야 합니다.

사람은 금방 안 변합니다. 밀당이 필요합니다. 그런데 사람을 변화시키다 보면 내가 변화되는 일이 생깁니다. 사람을 변화시키는 과정 속에 나의 영혼이, 나의 인격이 변화되는 것입니다. 다듬어지는 것입니다. 사람들 앞에 자신을 노출시키고, 말씀 묵상을 나누고, 성경을 가지고 씨름을 하는데 어떻게 변화되지 않겠습니까. 목회자가 최고의 수혜자입니다. 은혜받아 다 넘어지고 맙니다. 목회자가 다 넘어지기가 쉽지 않습니다. 강단에서는 잘 넘어지지 않습니다. 성도들과 부딪혀야 합니다. 고 옥한흠 목사님은 '광(狂)의 눈'이라고 말했습니다. 미쳐야 한다고 했습니다. 사실 제자 훈련만 아니라 모든 것에 미쳐야 합니다.

교회를 말하다

목회는 사람을 만들지 않고 세우지 않으면 공중누각입니다. 내가 훈련도 시키지 않고 제자 삼지도 않은 사람들은 내 교인이 아닙니다. 그냥 출석 교인입니다. 자신의 영혼을 위해 언제든지 떠날 수 있는 교인입니다. 결국 교인은 내 목양 안에서 하나님의 말씀으로 내가 세워 준 만큼 역할을 합니다. 오롯이 자기에게 오는 것입니다. 그래서 목회가 쉬운 것이 아닙니다.

나에게 훈련받은 성도들이 교회의 기둥 역할을 합니다. 사람을 세우지 않으면 기둥 없는 집과 같이 위험합니다. 교회가 사건 하나에 흔들린다면 그것은 기둥이 없기 때문입니다. 그렇게 제자 훈련을 받은 교인들이 바로 교회인 것입니다.

교회가 반드시 붙들어야 할 사역, 성령 사역

성령 사역은 결국 기도 사역과 연결됩니다. 한국 교회의 경우 인본주의가 너무나 강조되어 왔습니다. 인간의 힘, 목회자의 능력에 너무 집중했습니다. 성령이 역사하지 않으시면 안 됩니다. 목회자가 설교를 잘해서 혹은 설득을 잘해서 사람이 변합니까? 아닙니다. 화려한 미사여구로 설득해 보십시오. 더 강해지기만 합니다. 설교만 잘하면 성도들이 세집니다. 좀 둔탁하고 좀 부족해도 성령이 역사하셔야 사람이 변합니다. 결국은 기도 싸움입니다.

오늘날 한국 교회의 위기는 기도의 위기입니다. 기도를 안 하고 앉아 있기만 하는데, 오래 앉아 있지도 못합니다. 목회는 엉덩이로, 무릎으로 하는 것입니다. 교회의 모든 것이 업그레이드되었습니다. 그런데 기도가 약해졌습니다. 다 필요 없습니다. 기도가 중요합니다. 기도 하지 않으면 사람이 자는 것과 마찬가지입니다. 영권이 약해지면 안 됩니다.

분석이, 기획이, 행정이, 프로그램이 약해서 교회가 안됩니까? 모든 것을 지우고 기도로 승부를 걸어 보십시오. 나의 육체와 싸워 보십시오. 기도에 생명을 걸어야 합니다. 다른 이유가 없습니다. 무엇이 부족합니까? 기도입니다. 외부적 요인이니, 세속화니, 물질만능이니, 놀토니 그런 말은 하지 마십시오. 목회자가 기도가 약해진 것입니다. 지금도 하나님이 우리에게 은혜를 부어 주시고 성령의 기름 부으심이 있으면 어디에서든 됩니다. 어떤 조건 속에서도 됩니다. 개척 교회가 안 된다고 말합니까? 사도행전을 보십시오. 다 개척 교회입니다. 아무것도 없었지만 성령이 임하신 것입니다. 이것저것 때문에 바빠서 기도 못한다고 말합니까? 다 치워 버리고 기도 하나만 붙잡으십시오.

지금까지 만나 본 목회자들을 보면 기도가 부족합니다. 저는 새벽기도회를 나간 후 12시까지 사람을 만나지 않습니다. 그렇게 해도 기도가 부족합니다. 목회자들이 세상과 같이 공휴일을 챙기면 안 됩니다. 위기의 시대입니다. 그렇게 안일한 시대가 아닙니다. 한국 교회가 변했습니다. 목회자가 공무원 같습니다. 세상과 같이 춤을 춥니다. 어떻게 세상을 건질 것입니까? 외부적 환경이 약해진 것이 아니라 우리의 영력이 약해진 것입니다. 과거 선배 목사님들을 보십시오. 변변한 학위도 없었습니다. 서적도 많지 않았습니다. 그래도 그분들에게는 영력이 있었습니다. 말씀의 권세가 있었습니다. 안되는 것은 남 탓이

교회를 말하다

아니고, 대형 교회 탓도 아니고, 나의 영력이 약해진 까닭입니다. 기도로 승부를 걸어 보십시오. 기도 굴을 만드십시오. 어떤 목회자는 평신도만큼도 기도를 안 합니다. 우리가 붙잡을 것은 말씀과 기도입니다.

새롭게 세워야 할 문제들

첫째, 하나님 중심입니다. 교회는 사람 중심이 아닌 하나님 중심입니다. 이를 위해 예배가 있습니다. 교회의 심장부에는 예배가 있습니다. 하늘에 닿는 예배, 성령의 임재가 충만한 예배입니다. 예배 안에 하나님의 만지심이 있습니다. 오늘날 교회는 예배가 무너졌습니다. 예배가 있긴 있는데, 형식적 예배, 도식화된 예배, 기름 부으심이 없는 예배입니다.

지금의 교회는 다른 프로그램이 필요하지 않고, 현재 드리고 있는 주일예배, 수요예배, 새벽 기도회에서 강력한 하나님의 임재가 있는 모임과 예배로 바꾸면 됩니다. 그러면 교회가 다시 살아납니다. 다른 것을 할 필요가 없습니다. 어떤 교회든 예배가 죽으면 백약이 무효합니다. 예배가 살면 어떤 프로그램을 붙여도 됩니다. 예배가 살아 있지 않으면 어떤 것이 와도 죽습니다. 하늘에 닿는 예배를 드려야 합니다. 하나님이 하나님 되시는 예배, 하늘이 열리는 예배를 드려야 합니다. 그래서 예배 안에서 천국을 맛보아야 합니다.

저는 예배가 얼마나 강력한지에 대한 경험이 있습니다. 호주에 있을 때 강력한 역사가 일어났는데, 그 한가운데 예배가 있었습니다. 열악한 환경 속에서 20-30명 되는 예배자들 가운데 기름이 뚝뚝 떨어지는 것 같았습니다. 저도 울고 다 울었습니다. 은혜를 받으면 찬송가 중 어떤 곡을 불러도 기름이 떨어집니다. 성령이 충만하게 임재하십니다. 그때 사람들이 뒤집어집니다. '이대로 죽어도 좋다. 너무나 행복하다' 싶었습니다. 잊을 수 없는 경험입니다.

예배가 고장 나 있으면 안 됩니다. 예배가 무너져 있으면 안 됩니다. 그 예배 한가운데 목회자가 있습니다. 목회자는 인도자나 사회자가 아니라 예배자입니다. 찬송가 한 장이라도 그냥 부르면 안 됩니다. 온 영혼을 다하여 찬양해야 합니다. 한 장 부르고 진이 빠질 정도로 토해 내야 합니다. 부흥은 예배에서 일어납니다. 예배가 죽었는데 부흥이 될 리 없습니다. 예배는 목회의 보석입니다. 하나님이 하나님의 백성에게 주신 최고의 선물입니다. 그 예배를 삶에서 만나야 합니다.

주보에 찬송가를 올릴 때도 그냥 올리면 안 됩니다. 기도하고, 한 주간 그 찬송을 부르고, 그 은혜에 흠뻑 빠져야 합니다. 후렴을 부를 때는 반복할수록 좋습니다. 은혜가 넘칠 때는 찬송을 부를수록 깊이 들어가게 됩니다. 계속 부르면 치유가 일어납니다.

그다음은 말씀 선포, 강단입니다. 목회자는 설교자입니다. 설교자가 줄 수 있는 것은 진리입니다. 이 시대가 찾고 있는 것은 진리입니다. 교회에서 다른 것을 찾는 것이 아닙니다. 하늘의 음성이 땅에 들려야 합니다. 성도들은 하나님의 음성을 듣고 싶은 것입니다. 그러니 내가 하고 싶은 이야기가 아니라 하나님의 말씀을 전해야 합니다.

한편, 교리는 있으나 메마른 설교를 해서는 안 됩니다. 성도들의 귀에 들리는 설교를 해야 합니다. 그러려면 하늘의 뜻을 시장 용어로 해

교회를 말하다

야 합니다. 너무 고상한 단어를 사용하면 안 됩니다. 요즘 성도들은 똑똑합니다. 남의 설교를 표절했다가는 큰일 납니다. 이제는 목회자가 설교를 하기 전에 성도들이 다 압니다. 목회자가 열심히 탕자가 집을 떠나는 설교를 하고 있는데 성도들은 탕자가 이미 집에 돌아와 있습니다. 뻔한 설교를 하니 지루해합니다. 설교는 성실하게 준비해야 합니다. 시간을 많이 들이면 됩니다. 꾸준히 참고도 하고, 묵상도 하고, 정리도 하면서 정성껏 요리하는 주부의 마음처럼 준비하면 됩니다.

둘째, 영혼에 집중해야 합니다. 인간에게 집중하는 일은 사실 쉽지가 않습니다. 인간을 이해해야 합니다. 인문학 책을 보아야 합니다. 인문학을 해야 하는 이유는 사람을 이해하기 위해서입니다. 성경만 봐서는 안 됩니다. 영혼의 심층에서 일어나는 일들을 심층적 구조로 이해해야 합니다. 삶은 단답이 아닙니다.

목회자들이 인문학이 약하면 문제를 너무 가볍게 대해 너무나 쉽게 답을 제시하곤 합니다. 사람들은 그럼 '그게 무슨 답이야' 하며 짜증을 냅니다. 인간의 내면세계는 굉장히 복잡합니다. 사람들이 갖고 있는 필요, 욕망, 고통에 대해서 어떻게 다가갈 것인가를 고민하고 그 질문들에 대답해 줄 말을 가지고 있어야 합니다. 그들의 문제를 정확하게 파악하고 짚어 줄 수 있어야 합니다. 그래서 인문학 공부가 필요합니다. 성도들은 고통을 들고 왔는데 전혀 고통을 만져 주지 않고 너무 간단하게 단답으로 "기도하면 됩니다"라고 접근하기 때문에 힘들어하는 이들이 많습니다.

셋째, 훈련입니다. 사도 바울은 "이는 성도를 온전하게 하여 봉사의 일을 하게 하며 그리스도의 몸을 세우려 하심이라"(엡 4:12)라고 말합니다. 이것이 목회자가 해야 할 역할입니다. 훈련입니다. 성도를 온전하게 하는 것입니다. 훈련은 영어로 'equipment'라고 하는데, '부족한 것을 채우는 것', '그물을 깁는다'라는 원어적 의미가 있습니다. 훈련하는 만큼 강해집니다.

훈련은 어렵습니다. 단기간에 결과물이 나오는 것이 아닙니다. 목회는 기다림의 훈련입니다. 성도들을 세밀하게 훈련시켜 영적 근육을 만들어 주어야 합니다. 그래서 목회자가 다양하게 다루어야 합니다. 가정의 영역에서, 직업의 영역에서, 인간관계 영역에서, 성품의 영역에서 다 다루어야 합니다. 다 다듬어져야 합니다. 이것은 오랜 시간 훈련 목회를 한 사람만이 할 수 있는 부분입니다. 자기 영혼을 빚어 내는 경험을 한 사람만이 할 수 있습니다.

넷째, 성화입니다. 성화는 변화의 사역입니다. 성도들은 다 미성숙한 상태에서 시작합니다. 목회는 미성숙한 사람들이 모여 있기에 전쟁터입니다. 그리고 사람들은 쉽게 변하지 않습니다. 변화가 관건입니다. 변화는 기적입니다. 부흥의 징조를 알려면 사람이 변하고 있는가를 보면 됩니다. 변화가 일어나지 않으면 근본적인 문제를 찾아보아야 합니다. 이 진리가 진리라면, 이 복음이 복음이라면 왜 안 변하는지 알아야 합니다. 이 질문을 묻지 않으면 교회는 딜레마에 빠집니다. 그 부분을 점검해 근본적인 문제를 찾아 해결해야 합니다.

혹시 시간이 지났는데 변하지 않고 있다면 함정에 빠진 것입니다. 변해야 합니다. 변하지 않으면 이상합니다. 뭔가 사기치고 있는 것입

교회를 말하다

니다. 그런 일을 용납해서는 안 됩니다. 그것이 정상이라고 생각해서는 안 됩니다. 한 사람의 변화는 도미노라서 파급 효과가 엄청나기 때문입니다.

다섯째, 섬김 사역(outreach)입니다. 세상은 문제투성이입니다. 신문을 보되 그냥 보지 마십시오. 우리의 사역 현장입니다. 문제를 논설하라는 것이 아니라 그 문제에 다가가야 합니다. 청소년 문제, 자살 문제, 우울증 문제를 언뜻 보면 안 됩니다. 부르심입니다. 교회가 시대의 아픔에 대안을 제시하는 것, 대안 목회가 오늘날 교회의 과제입니다. 그렇게 되면 우리의 사역 영역은 무한입니다.

우리는 신학과 교파와 자기 경험 등을 토대로 많은 경계선을 그어 놓고 넘어가지 않으려 합니다. 우물 안에서 아무 일도 하지 않습니다. 자꾸 그 경계선을 넓히는 작업을 해야 합니다. 모험적 지도를 해야 합니다. 개척자 시대로 돌아가야 합니다. 어디에서도 이전 시대를 답습하는 것으로는 소망이 없습니다. 다 개척입니다. 어떤 교회든지 개척자 정신으로 가야 합니다. 왜냐하면 이전의 방법이 통하지 않기 때문에 처음 시도를 해야 합니다. 새롭게 해야 합니다. 남의 터 위에 집을 짓지 마십시오. 모험을 하십시오. 벼랑 끝으로 가십시오. 어디든 똑같다면 그 교회를 갈 이유가 없습니다. 하나님이 역사하지 않으시면 안 되는 곳으로 자신을 몰고 가십시오. 모험하지 않는 인생이 가장 위험한 인생입니다.

저는 제 인생의 가장 중요한 시점마다 모험을 했습니다. "하나님, 받아 주셔야 합니다. 뛰어내릴 거예요" 하며 아주 절묘한 타이밍에 하나님이 사인을 주시면 뛰어내렸습니다. 하나님은 받아 주셨고, 그래서 오늘날 여기까지 왔습니다. 지금도 여전히 모험이 제 가슴속에서 꿈틀거립니다.

안정된 것을 추구하지 마십시오. 처음부터 다시 시작하십시오. 세상의 고통에 답을 하십시오. 교회가 세상의 고통에 답을 하지 않으면 세상이 교회를 등지게 되어 있습니다. 오늘날 교회가 외면당한 이유입니다.

목회는 고통을 다루는 일입니다. 오늘도 고통의 관점에서 심방을 바라보면 끝이 없습니다. 모두가 고통하고 있기 때문입니다. 그 고통에 직면하고, 그 고통에 관심을 가지고, 그 고통을 어루만지려고 하면 할 일이 산더미입니다. 목회하는 데 24시간이 부족합니다. 눈이 닫혀 있는 사람은 할 일이 하나도 없습니다. 세상의 고통에 할 말을 갖고 있어야 합니다. 세상의 고통에 답을 하는 사람이 되어야 합니다. 빈부의 격차가 점점 심해지고 있습니다. 교회가 있는 자의 편에 섰기에 할 일이 작아졌습니다. 어둠의 세상, 낮은 곳으로 가면 지금도 블루오션입니다. 왜냐하면 그곳으로 가려 하지 않기 때문입니다.

한국 교회의 급격한 성장으로 대형 교회들이 겪고 있는 어려움이 있습니다. 그 어려움은 성장은 해 왔는데 인격은 부재한 것입니다. 성공을 가름할 수 있는 인격적 부재 문제가 감당이 안 되는 것입니다. 목회를 하려면 성장주의 환상에서 벗어나야 합니다. 목회 성공주의를 거부해야 합니다.

복음의 사영화(私營化)를 주의해야 합니다. 신앙이 학문화될 때 삶에서 나타나지 않으면 재미없어집니다. 복음을 말하는 것이 아니라 보여 주어야 합니다. 그러려면 우리가 복음을 살아야 합니다. 복음으

교회를 말하다

로 살아가야 합니다. 오늘 이것이 우리의 딜레마입니다. 위기입니다. 예수 그리스도의 성육신을 기억해야 합니다. 예수님은 몸으로 보여 주셨습니다.

기독교는 사변이 아닙니다. 교회가 사변화되면 그 교회는 죽는 것입니다. 목회자의 설교가 사변화되면 죽는 것입니다. 허공을 치는 것입니다. 자기의 지적 만족에 빠져 있는 것입니다. 성도들이 당하고 있는 현실의 고통과 절규와 부르짖음을 외면하는 것입니다.

형식주의는 다 연결되어 있습니다. 형식을 가지고 싸움하지 마십시오, 내용으로 싸우십시오. 이미지 메이킹, 언론 플레이를 다 끝내십시오. 포장에 신경 쓰지 마십시오. 내용이 좋은가 찾아보십시오. 내용의 싸움입니다. 오늘날 기독교는 너무나 가벼워졌습니다. 문제를 너무 가볍게 다루는 경향이 있습니다. 깊이가 없습니다. 본질에 더 접근해야 합니다. 진심을 담으십시오. 건성건성 하지 마십시오. 성도를 건성으로 만나면 안 됩니다. 심방할 때도 정성을 들이십시오. 한 번의 모임, 한 번의 만남이 얼마나 귀중한지요. 이제 형식적인 심방은 성도들이 원하지 않습니다. 성도들이 바쁩니다. 그러나 진지한 심방은 언제 어디서나 환영받습니다. 성도로 하여금 손에 만져지고 뭉클해지는 경험을 하게 해야 합니다. 하나님의 선하심을 맛보게 해야 합니다. 애매모호함을 거부해야 합니다.

오늘날 영적 건조증이 심합니다. 발상의 전환으로 새도운 시도를 해야 합니다. 남의 것을 흉내 내지 말고 자신의 것을 말하십시오. 창의적 사역을 시도하십시오. 창의적 사역은 기도에서 나옵니다. 성령은 창의에 대가이십니다. 성령이 우리를 창의성으로 이끄십니다. 하나님은 우리가 기도하면 그곳에서 섬광처럼 나오는 계시적 음성을 들려주십니다. 그래서 그리스도인의 창의성은 머리에서 나오는 것이 아니라 무릎에서 나오는 것입니다. 기도입니다. 목회를 다르게 접근하십시오. 뻔한 목회는 하지 마십시오. 특성화시키십시오.

낮은 곳으로 가십시오. 낮은 곳으로 가면 할 일이 많습니다. 자꾸 높은 곳, 돈 있는 사람에게로 가려고 하니까 일이 없습니다. 낮은 곳, 소외된 곳으로 가십시오. 외국인들, 탈북민들, 청소년들 등 깨어진 곳으로 가십시오. 섬김의 모든 것을 재편하십시오.

이제 섬기는 목회로 전향하십시오. 섬김을 업그레이드하십시오. 목회는 섬김입니다. 예수 그리스도는 섬기려고 오셨습니다. 십자가는 섬김의 영성입니다. 흘러넘치는 사역을 하십시오. 목회자가 행복해야 합니다. 어두운 사람은 아무도 좋아하지 않습니다. 내가 행복해야 누군가를 행복하게 할 수 있습니다. 흘러넘치면 됩니다. 목회는 짜내면 안 됩니다. "내 잔이 넘치나이다"(시 23:5)라는 시편 기자의 고백처럼 자연스럽게 흘러넘쳐야 합니다. 내가 하는 것이 아닙니다. 예수 그리스도의 사역에는 그리스도의 측량할 수 없는 풍성함이 있습니다. 은혜가 풍성하면 다 하고, 다 할 수 있습니다.

사역을 리뉴얼해 단순화하십시오. 조직도 단순하게 하십시오. 영적 진지함을 가지십시오. 영성이 강조되는 이유는 생명 없는 전통적 교회에 대한 염증, 탈피에 대한 욕구입니다. 종교화를 경계하십시오. 영성의 초점은 결국은 우리의 삶과 말씀이 일치해 가는 과정입니다.

교회를 말하다

신앙이 삶이 되는 것, 말하는 대로 사는 것이 영성입니다. 설교와 삶이 통합될 때 엄청난 힘이 나오는 것입니다. 오늘날 목회자는 영적 권위를 잃어버렸습니다. 삶이 따르지 않는 설교 때문입니다. 공허한 외침이 된 것입니다. 진지함이 필요합니다.

기본기를 강화하십시오. 마르틴 루터는 성경학자였습니다. 성경을 깊이 파고들고 몰입하다 보니까 오늘의 교회가 잘못되었다는 것을 깨닫게 된 것입니다. 성경에 집중하십시오. 성경을 파고들어야 합니다. 성경에 사로잡혀야 합니다. 종교개혁은 성경을 붙들었던 한 사제에게서 시작되었습니다.

현실의 목회에 절망해야 합니다. 많이 하십시오. 그러나 체념하지 마십시오. 부정적인 생각에 관념되지도 마십시오. "(무엇 때문에) 안 된다. 목회 현실이 어렵다. 개척도 안 된다. 전도도 안 된다. 교인도 없다." 이런 말에 설득당하지 마십시오. 그런 말을 걷어 내고 자신을 돌아보고 '내가 진짜 복음을 믿는가? 성경을 믿고 있는가? 기도의 능력을 믿고 있는가? 하나님을 믿고 있는가?' 하는 원론적인 질문들을 하십시오.

한국 교회가 많은 어려움을 겪고 있습니다. 다시 시작해야 합니다. 우리가 할 수 있는 일이 아닙니다. 하나님이 이 시대 가운데 일하고 계시고, 복음의 능력은 언제나 유효하기 때문에 우리는 소망을 가지고 기도해야 합니다. 하나님은 하나님의 사람들을 기다리시고, 또 이 시대를 다시 일으켜 세워 주십니다. 이 시대의 희망은 역시 교회이고, 이 시대의 소망은 복음입니다. 이 사실을 믿고 사로잡히면 하나님이 한국 교회를 새롭게 하실 것입니다.

Part 5

교회, 세상을 향하다

: 교회가 나아갈 방향

Chapter 16

성장이 아닌
생명이다

이 장에서는 교회론을 생태학적 관점에서 바라보고자 합니다. 요즘 개척이 안 된다는 이야기를 많이 합니다. 누가 개척해도 사실은 어려운 시대라고 봅니다. 이것은 생태학적으로 큰 문제요, 생태학적 변화가 일어난 것입니다.

무언가를 심으면 자라나야 하는데 그렇지 못한 이유는 환경이 변했기 때문입니다. 생태계가 변했습니다. 기후의 변화가 일어나고 해수면이 올라가고 있습니다. 지구가 우리가 생각했던 것과 다르게 변화하고 있습니다. 교회도 마찬가지입니다. 노력하지 않는 목회자가 어디 있습니까. 다 애를 쓰고 힘겹게 목회를 합니다. 지금은 어떠한 커다란 변화의 시기입니다. 단순한 노력만으로는 해결이 안 됩니다.

목회 생태학적 환경이 변했다

지금의 교회들에는 성령의 파도가 안 칩니다. 예전의 교회들은 재미있었습니다. 주일 성경학교를 하든, 부흥회를 하든, 집회를 하든, 특새를 하든, 어떤 프로그램이든지 여기저기에 플래카드를 달고 바람이 불고 파도가 쳤습니다. 이 교회도 하고, 저 교회도 하고, 연합해서도 할 때 성령의 바람이 불고, 또 변화했습니다. 지금은 모든 것이 죽어 버렸습니다. 마치 썰물처럼 빠져나가 버렸습니다.

성도들 안에 열정이 없습니다. '희생'이라는 단어를 찾아보기 어려워졌습니다. 익명성을 가진 그리스도인이 늘어 가고 있고, 아무 문제가 없어 보이지만 영적 무기력증에 빠져 있고, 권태가 찾아오고, 기도의 바람은 불지 않는 상태에 와 있습니다. 현실이고 위기입니다. 내부적인 긴장이 팽팽해져 있습니다. 모든 일에 패배주의가 도사리고 있습니다. "이제는 안 돼. 무엇을 해도 안 돼" 하는 소리가 성도들의 입이 아닌 목회자들의 입에서 나옵니다. 이미 결론을 내 버립니다. 이제는 배우려고 다니지도 않습니다. 세미나도 인기가 없어졌습니다. 의욕마저 사라져 버렸습니다. 열정이 없어졌습니다. 그렇다 보니 정체 속에서 영적 게으름이 와 버렸습니다. '하자'는 분위기가 아니라 '안 하자'는 분위기가 되어 버리고 말았습니다. 해 봐도 안되니까 말입니다.

우리는 교회를 생명으로 바라보아야 합니다. 교회에는 운동성이 있어야 합니다. 그래서 저는 목회에서 교회 안에 문화가 만들어지는 것이 중요하다고 생각합니다. 교회 안의 문화나 분위기는 하루아침에 만들어지는 것이 아닙니다. 문화가 교회를 결정지어 버립니다. 교회가 따뜻한 문화를 만들어 가고 그 안에서 성도들이 서로 격려하며 사랑하고 기뻐하면 되는 것입니다. '어떻게 문화가 만들어져 가는가? 어떻게 모범적인 역동성이 일어나게 할 것인가?'를 고민해야 합니다.

저는 가끔 이렇게 묻곤 합니다. "우리 교회는 49퍼센트에 있는가, 51퍼센트에 있는가?" 비록 2퍼센트이지만 큰 차이입니다. 49는 0으로 떨어지려고 하는 땅의 영향을 받고 있고, 51은 위에 있는 100을 지향하고 있습니다. 한국 교회는 49퍼센트에 있을까요, 51퍼센트에 있을까요? 포물선을 보면 알 수 있듯이, 정점에서 떨어지는 위치에 있으면 떨어질 일만 남았습니다. 교회는 한 번 내리막길을 갔다가는 다시 올라서기가 매우 어렵습니다. 부흥의 정점에 이르기 전에 또다시 포물선을 그리며 올라가는 강력한 역동성이 있어야 그 교회가 역사 속에 살아가게 되는 것입니다.

미래학자인 최현식 박사가 언급했던 것처럼, "10년 안에 한국 교회는 반 토막 난다"는 말은 먼 이야기가 아닙니다. 또한 그는 지금의 10년이 골든타임이라고 말합니다. '10년 동안 한국 교회가 이 위기를 어떻게 대처할 것인지', 여기에 우리의 생사가 달려 있습니다. 굉장히 중요한 지점입니다.

저는 이런 현상을 피부로 느끼고 있습니다. 부교역자들이 담임 목회자로 나가고 앞으로 여러 가지 길들이 열려야 하는데 지금 거대한 벽 앞에 서 있습니다. 부교역자들이 풀려 나가는 것이 쉽지 않은 시대가 온 것입니다. 교회는 이렇게 많은데, 왜 이렇게 됐습니까? 지금 우리의 분위기 자체가 완전히 가라앉았습니다.

우리는 아주 중요한 이 시대에, 교회가 죽느냐 사느냐는 기로에 서 있는데, 자꾸 위기라는 말을 들으니 오히려 위기의식이 사라져 버렸습니다. 위기를 계속 이야기하면 실제 어느 정도 위기를 느끼고 있는지 알지 못합니다. 그래서 지금은 상당하게 위기의식을 느끼다가, 한 번 꺾이면서 완만하게 가다가, 서서히 몰락해 가는 시점입니다.

교회의 위기와 환경의 위기는 매우 비슷한 면이 있습니다. 경제 성장 위주에 과도한 투자, 과도한 에너지 사용, 공해, 대도시화 등은 결국 생태계 파괴를 초래하고 지구의 모든 피조물에 위험을 가져다줍니다. 이런 경제 성장과 과학의 발달이 가져다준 것 중 하나가 무엇입니까? 생명에 대한 배려가 전혀 없는 태도입니다.

한국의 경우도 생명에 대한 관점이 굉장히 약합니다. 사람이 한 명

죽어도 별로 관심을 갖지 않습니다. 생명에 대한 경외심이 없는 것입니다. 산업 개발과 경제 성장 속도만 강조해 오면서 한 인간의 가치, 인간의 존귀함을 전혀 생각하지 않았습니다. 호주에 있을 때 놀라운 점은 가벼운 폭력 사고도 큰 이슈가 된다는 것이었습니다. 사람이 사고로 인해 죽는 경우가 거의 없기 때문입니다. 그리고 그들은 환경을 파괴하지 않습니다. 비싸게 수입해서 먹더라도 공장을 만들지 않습니다. 환경을 지킵니다. 그것이 어디로 갑니까? 다 사람에게로 갑니다.

사람에 대한 관심은 중요합니다. 한 사람의 생명을 귀하게 여기는 것은 매우 중요한 일입니다. 생명은 홀로 존재할 수 없기에 함께 살아가야 합니다. 서로서로 하나가 되어 생태계를 어떻게 아름답게 보존할 것인가를 고민해야 합니다. 저는 대형 교회 목사로서 이런 부분들을 굉장히 고민합니다. '대형 교회 하나만 살면, 과연 그 교회가 건전하게 살아남을 수 있을 것인가? 어떻게 하면 모든 교회가 함께할 것인가?' 하는 고민을 한국에 올 때부터 했습니다.

생태계를 보십시오. 지렁이가 죽으면 지렁이만 죽는 것이 아니라 도미노처럼 생물이 죽다가 결국 사람이 죽게 됩니다. 같이 살아야 합니다. 지방 소도시가 죽는 것은 비단 그 지역만의 문제가 아닙니다. 그 지역 사람들이 서울로 올라갑니다. 부산도 마찬가지입니다. 서울로, 서울로 올라갑니다. 대형 교회가 잘나서 대형 교회가 된 것이 아닙니다. 자꾸 모이니까 대형 교회가 된 것입니다. 샛강이 살아야 합니다. 샛강이 마르면 동강이 마릅니다. 생태학입니다. 모든 교회가 함께 살아야 합니다.

교회를 말하다

어떤 교회가 무너지고 깨어지고 분란이 일어난 것은 그 교회만의 문제가 아닙니다. 그 문제는 다른 교회에서도 일어납니다. 오늘날 변화가 일어나고 있습니다. 지금 교회는 다툼이 일어나고, 법정에 가고, 분란이 일어나고 있습니다. 교회 생태 환경에 변화가 온 것입니다. 사람들이 변하고, 문화적인 변화가 있고, 심리의 변화가 있고, 삶이 변하고, 이 모두가 서로 연결되어 일어나는 현상입니다. 그 교회뿐만 아니라 다른 교회에서도 그런 사건이 일어날 가능성이 있습니다. 그러므로 한 교회의 문제는 우리 모두의 문제입니다. 우리 모두가 연결되어 있습니다. 이제는 교회를 세우기만 하면 되는 시대가 아닙니다. 우리는 지금 다른 시대로 넘어왔습니다.

하나님 나라를 향하여

하나님의 나라 안에 교회가 있습니다. 하나님의 나라를 모르면 길을 잃습니다. 오늘날 교회지상주의가 한국 교회의 문제입니다. 하나님의 나라를 지향하는 교회여야 합니다. 궁극적 관심이 숫자의 문제가 아니고, 조직을 강화하는 것도 아니고, 하나님의 나라가 되는 데 있어야 합니다.

그런 관점에서 모든 교회가 잘되어야 합니다. 모두가 윈윈(Win-Win) 해야 합니다. 어디는 잘되고 어디는 못 되는 것은 좋지 않습니다. 교회는 생태학적입니다. 생태환경이 무엇입니까? 어디 한 군데를 죽이면 다른 곳에 도미노가 일어나는 것입니다. 개척 교회도, 대형 교회도 살아서 각각의 역할을 감당해야 합니다. 없어져야 할 교회는 없습니다.

주님의 교회는 다양한 역할을 감당해서 상생해야 합니다.

그래서 우리는 옆에 있는 교회를 한없이 축복해 줄 수 있는 목회자가 되어야 합니다. '우리 교회만 잘되어야 한다'라는 생각은 아직 복 받을 마음이 안 된 것입니다. '저는 이웃 교회와 한국 교회와 우리 교회가 어떻게 함께 살아가는 길을 찾을까?' 하는 큰 고민 중에 있습니다. 모두 살아야 합니다. 함께해 보십시오. 굉장한 힘이 있습니다. 마음만 비우면 됩니다. '우리 교회' 하는 것에서 벗어나면 얼마든지 지역 교회들과 함께 대형 교회가 할 수 없는 일들을 해 낼 수 있습니다. 내 교회 중심에서 벗어나 좀 더 큰 관점으로 교회를 바라보아야 합니다. 네트워킹해야 합니다. 이것이 하나님 나라입니다. 우리의 시야가 넓어져야 합니다.

이제는 청소년 문제조차 혼자 풀어 나갈 수 없습니다. 그런데 대형 교회가 무엇인가를 하려고 하면 다른 교회의 입장에서는 무엇인가를 빼앗아 가는 것은 아닌가 하며 긴장합니다. 이제는 청소년 문제, 청년 문제, 주일학교 문제 등 한 교회가 문제를 풀 수 없습니다. 같이 풀어야 합니다.

교회를 보는 관점의 변화

교회는 생명입니다. 성도들은 수가 아닌 생명체입니다. 이전에는 수를 강조해 왔습니다. 이것은 성장주의입니다. 수를 강조하다 보면 경영을 해야 하고, 관리를 해야 하고, 운영을 해야 합니다. 생명에 대한 배려는 아닙니다. 관리입니다. 목회는 관리가 아닙니다. 생명에 대

교회를 말하다

한 경외심을 갖고 들여다보면 목회가 전혀 다른 관점으로 보입니다.

예수님을 보면 생명이 보입니다. 예수님은 한 영혼이 천하보다 귀하다고 하셨습니다. 99마리 양을 두고 한 마리 양을 찾아 나선 목자 이야기에 수 개념이 있습니까? 상업적 논리가 있습니까? 관리가 있습니까? 한국 교회는 성장하면서 '어떻게 늘릴 것인가?'라는 수의 논리에 빠졌습니다. 그동안 세미나가 얼마나 많았습니까. 지금 그 논리에 빠진다면 과거로 가게 됩니다.

지금의 기업 또한 마찬가지입니다. 이윤보다 생명이 최고의 가치가 되고 있습니다. 기업의 최고 가치는 '소비자들을 어떻게 행복하게 해 줄 것인가? 삶의 질을 어떻게 높여 줄 것인가?'입니다. 기업이 환경에 관심을 갖기 시작했습니다. 관계를 중요하게 생각하기 시작했습니다. 사람을 수로 여기면 돈으로 보입니다. 성도들이 교회의 목적을 달성하게 만드는 도구로 보이게 되는 것입니다. 그렇게 되면 율법주의식 목회가 됩니다.

목회자의 본심이 무엇인지, 진정 하나님의 영광을 위해 목회하는 것인지 모르겠습니다. 오늘날 목회자들의 관심은 외적인 것에 집중되어 있습니다. 무조건 교회를 크게 짓습니다. 건물이 성도들로 채워질 것이라고 생각합니다. '생명을 어떻게 바라보느냐? 생명을 대하는 태도가 어떠한가? 교회를 어느 관점에서 바라보느냐?'가 목회를 결정합니다. 이것은 호주에서 20년 목회를 하면서 가졌던 관점입니다. 교회를 지을 수 있는 환경과 여건이 되었지만 교회를 짓지 않았습니다. '되면 되는 것이고 아니면 아닌 것이고, 중요한 것은 사람이고, 진리만 있는 곳이면 된다'고 생각했습니다. 참된 진리가 생수의 강에 흐르면 어디서 마셔도 됩니다.

관점을 바꾸는 작업이 쉬운 것은 아닙니다. 사람의 숫자가 적고, 은행에 빚은 있고, 상가건물에서 벗어나려는 욕구가 있을 때 수의 논리에 빠지지 않고 본질을 붙잡는다는 것은 어렵습니다. 그러나 예수님을 보십시오. 그 위대하신 분이 12명을 데리고 목회하셨습니다. 예수님은 수의 논리에 빠지지 않으셨습니다. 한 영혼에 집중하셨습니다.

'한 영혼이 천하보다 귀하다'는 말이 가슴속에 얼마나 박혀 있습니까? 한 명 안에 감추어진 비밀이 얼마나 신비한지요 한 명의 가슴에 진리의 씨앗이 심길 때 변화되어 가는 역사는 상상하지 못합니다. 콩 하나가 땅에 심기면 그 어마어마한 열매는 상상하지 못합니다. "그 작은 자가 천 명을 이루겠고 그 약한 자가 강국을 이룰 것이라"(사 60:22)라는 말씀처럼 말입니다.

생명은 놀라운 것입니다. 수는 그냥 수일 뿐, 생명은 어마어마한 것입니다. 그 생명에 진리의 씨앗이 심기면 거대해집니다. 우리도 마찬가지입니다. 무지했던 우리가 진리를 알게 되고, 그 진리의 씨앗이 뿌려지면 생명이 생명을 낳게 됩니다.

생명체에 대한 환경 이해가 필요합니다. 생태 변화는 계속되는 것입니다. 생태계의 특징은 끊임없이 변화한다는 점입니다. 그래서 우리는 변화를 읽어 내야 합니다. 무슨 변화가 일어나는지 매우 유심히 들여다봐야 합니다. 포스트모던 시대가 들어선 후 이미 상당한 시간이 흘렀습니다. 모던과 포스트모던이 겹쳤던 시대를 지나 지금은 포스트모던이 많이 진화되어 가고 있습니다. 포스트모던 시대의 특징이 무엇입니까? 변화하는 것입니다. 모든 것이 변화합니다. 변하지 않는 것이 없습니다. 초스피드로 변합니다. 너무나 빠르게 변화하니까 변화를 읽어 내지 못합니다. 지금 50대쯤은 인터넷 시대에 컴퓨터를 하긴 하는데 모델이 바뀌어도 그대로 사용합니다. 빠른 스피드를 따라가지 못합니다. 새로워진 기능을 다 아는 사람은 너무나 편하게 잘 사용합니다. 빠르다는 이야기는 어제의 방법이 오늘은 통하지 않는다는 말입니다. 예측이 빗나간다는 뜻입니다.

한국이 왜 IMF 구제 금융 위기를 만나고 미국이 금융 위기를 만났겠습니까? 수많은 학자가 보고 있었는데도 예측하지 못했습니다. 너무나 빠르기 때문입니다. 예측불허의 시대이니 어제의 방법으로 오늘의 목회를 하겠다는 것은 말이 안 됩니다. 왜 교회 개척을 하는데 똑같이 합니까? 그럼 그 교회에 왜 가야 합니까? 세상은 이렇게 변했는데 교회는 천편일률적입니다. 설교도 똑같습니다. 다른 것이 없습니다. 변화를 읽어 내지 못하는 것입니다.

Chapter 17

세상과 더불어
함께 가다

세상은 갈수록 살벌하고 삭막해져 가는 느낌이 듭니다. 여러 관점에서 원인을 찾아볼 수 있겠지만, 성경적 관점에서 찾아보면 답은 단 하나, 공동체의 상실입니다. 인류를 향한 하나님의 최초의 아이디어는 공동체였지만, 죄가 공동체를 깨뜨려 버렸습니다. 공동체는 관계입니다. 우리 인생의 핵심은 관계에 있고, 삶의 행복은 관계를 맺는 것에 있습니다. 에덴동산에서의 비극은 죄가 관계를 깨어 버렸다는 것입니다. 관계가 깨어졌다는 것은 공동체가 깨어졌다는 것을 말합니다. 구원은 공동체의 회복을 뜻합니다.

오늘날 우리 사회는 지독한 개인주의입니다. '나'는 있는데 '너'가 없고, '우리'라는 단어를 잃어버렸습니다. 물론 성경은 개인을 무시하지 않습니다. 개인은 굉장히 귀중하고, 개인의 자유 또한 소중합니다. 그럼에도 개인의 자유가 지나치게 강조되면 자유를 잃어버리게 됩니다. 그리고 그 개인은 공동체 안에서 함께해야 진정한 자유를 누릴 수 있습니다.

삭막한 세상에서 더불어 함께

성경 전체는 공동체를 강조합니다. 그래서 개인의 목적과 개인의 유익과 개인의 수단으로만 성경을 보면 성경 해석이 잘 안 됩니다.

하나님의 이름인 '엘로힘'(Elohim)에서 히브리어 '힘'(him)은 복수입니다. 기독교 신앙의 중심부에 자리 잡고 있는 것은 성부, 성자, 성령, 즉 삼위일체입니다. 하나님은 창조의 사역을 홀로 하신 것이 아니라, 성부와 성자와 성령의 오묘한 연합 속에 하셨습니다. 공동체의 뿌리에는 이러한 하나님의 성품이 담겨 있습니다. 에덴동산에 아담과 하와, 그리고 하나님이 계실 때 인류 최초의 온전한 공동체가 이루어졌습니다. 아담과 하와만 있었으면 진정한 공동체가 될 수 없었습니다. 두 사람의 관계 속에 하나님이 계셔야 했습니다. 하나님이 빠져 버린 관계는 깨어지게 되어 있습니다. 하나님과 아담과 하와가 공동체를 이룬 것입니다. 하나님이 만드신 인간은 관계성을 가집니다.

여호와 하나님이 이르시되 사람이 혼자 사는 것이 좋지 아니하니 창 2:18

모든 창조가 하나님이 보시기에 좋았는데 단 하나 보시기에 좋지 않았던 것은 바로 사람이 혼자 있는 것이었습니다. 홀로가 아니라 함께하는 것이 하나님의 뜻입니다.

창세기 12장을 보면, 하나님은 아브라함을 부르셨습니다. 이것은 한 개인이 아니라 이스라엘이라는 민족을 부르신 것입니다. 그런데 아브라함을 부르실 때 그 안에는 신약의 교회라는 공동체를 부르신 뜻이 숨겨져 있었습니다.

예수님은 제자들을 훈련하실 때도 12명을 부르셔서 3년 동안 동고동락하며 공동체를 이루셨습니다. 제자 훈련의 핵심 가운데 하나가 공동체입니다. 공동체가 빠진 훈련은 사실 진정한 훈련이라고 말하기 어렵습니다. 예수님이 제자들을 훈련하실 때 핵심적인 원리 가운데 하나가 공동체입니다. 함께 삶을 나누는 끈끈한 유대감 없이는 진정한 삶을 나눈다고 보기 어렵습니다.

사도행전은 신약 교회 공동체의 출발점입니다. 사도행전 1장에서 약속하신 성령이 2장에서 임하실 때 사도행전의 교회가 출발합니다. 기독교는 홀로 도를 깨치는 종교가 아닙니다. 예수님이 가르쳐 주신 주기도문은 "하늘에 계신 우리 아버지"로 시작합니다. '내' 아버지가 아닌 '우리' 아버지입니다. 우리가 기도를 시작하고 기도를 배우는 순간부터 우리는 공동체를 인정하는 것입니다. 나뿐만 아니라 우리 모두를 인식한 기도입니다. 우리는 사도신경으로 신앙 고백을 합니다. 같은 고백을 하는 사람들은 모두 한 형제가 됩니다. 십계명 역시 공동체를 강조합니다. "하나님을 사랑하고 이웃을 사랑하라"는 명령입니다.

사도행전에 나오는 신약의 교회는 수만 명이 모이는 초대형 교회인데, 이전과 다른 독특한 공동체였습니다. 사도행전에는 '한마음', '마음을 같이하여'라는 말이 반복됩니다. 거대한 조직이 아니라 서로 깊은 관계를 맺은, 강력하게 결속된 공동체였습니다. "날마다 마음을 같이하여 성전에 모이기를 힘쓰고 집에서 떡을 떼며 기쁨과 순전한 마음으로 음식을 먹고"(행 2:46)라는 말씀은 사도행전의 교회의 출발은 성전의 모임과 집에서의 모임이 공존했다는 것을 말해 줍니다. 집에서 떡을 뗐다는 것은 예수 그리스도의 몸을 먹고 피를 마시는 성찬이 일어났다는 것입니다. 성전이 대그룹의 모임이라면, 가정은 소그룹입니다. 공적 예배와 작은 단위의 모임이 공존했습니다.

예루살렘 교회 안에도 소그룹이 공존했는데 쉬운 일이 아니었습니다. 그 교회도 구제 문제 때문에 갈등이 생겼습니다. 나중에는 유대인 개종자와 이방인 회심자들 간에 갈등도 일어났습니다. 함께 모여 공동체를 이룬다는 것은 모험입니다. 그럼에도 신약의 교회는 공동체를 강조합니다. '집에서 떡을 떼는 것'은 작은 관계 안에서 가능합니다. 성격, 삶의 방식, 스타일, 기호, 생각의 차이가 있는데 함께하기란 어려운 일입니다. 어떤 사람은 말하기를, "공동체는 지상에서 가장 안전한 곳이면서 가장 위험한 곳이기도 하다"라고 했습니다. 파커 팔머(Parker Palmer)는 공동체를 정의하기를, "가장 함께 살고 싶지 않은 사람이 항상 살고 있는 곳"이라고 했습니다.

사람이 모여 있는 곳에는 반드시 갈등이 존재합니다. 갈등이 하나도 없는 곳이 단 한 곳 있는데, 공동묘지입니다. 그리스도인들도 만나기만 하면 자동적으로 좋은 관계가 이루어지지는 않습니다. 많은 대가 지불이 있어야 합니다. 교회는 완전한 사람들이 모인 곳이 아니고 죄인들의 집합소입니다. 태생적으로 마음에 들지 않는 사람과 마주칠 수 있습니다. '사랑할 수 없는 사람을 어떻게 사랑할 수 있는가'는 과제입니다.

평소에는 감추어져 있던 약점들이 공동체 가까이에서 관계하다 보면 드러나기 시작합니다. 보통 때는 가면을 쓰고 자신의 실제 모습을 감추려고 애를 씁니다. 속으로는 미워하면서 겉으로는 웃으며 축복송을 부릅니다. 사람들은 어느 정도 표정 관리를 잘합니다. 힘들지만 주일에 교회에 와서 한두 시간만 가면을 쓰고 참으면 됩니다. 예배가 여러 번 있는 교회의 경우 보기 싫은 사람이 있으면 피할 수 있습니다.

그러나 소그룹으로 들어가면 그럴 수가 없습니다. 피할 수가 없는 소그룹 안에서는 인내에 한계가 올 때가 있습니다. 내 스타일이 아니

교회를 말하다

고 여러 가지 어려움이 있어도 우리가 공동체의 일원이 되면 그 안에서 무엇인가를 해야 합니다. 오랫동안 신앙생활을 같이하다 보면 서로를 훤히 알게 됩니다. 많이 알면 알수록 관계하기 어려워집니다. 서로의 민낯을 보았기 때문입니다.

공동체 안으로 깊이 들어가지 않고 괜찮은 사람인 것처럼 착각하며 살면 안 됩니다. 소그룹 안에 들어가야 합니다. 내 안에 숨어 있는 진짜 모습을 드러내지 않고 가면을 쓰고 다니면 그 안에서는 변화가 일어나지 않습니다. 인류가 타락한 이후 사람들은 숨는 법을 배웠습니다. 가능한 사람들과 거리를 두려 합니다. 관계를 맺는 것을 어려워합니다. 고립된 삶은 더 불안하게 하고 심하면 우울증이 됩니다.

사도행전에 시작된 공동체는 다릅니다. 작은 단위의 모임은 오순절 이후에 일어난 것입니다. "집에서 떡을 떼며 기쁨과 순전한 마음으로 음식을 먹고"(행 2:46)라는 말씀은 새로운 공동체의 모습입니다. 제도적 종교로서 의식을 행했던 성전 중심의 공동체가 아니라, 서로 삶을 나누는 친교 공동체가 일어난 것입니다.

신약의 공동체는 흩어진 그리스도인들이 세운 가정 교회들이었습니다. 성전이 따로 있는 것이 아니었습니다. 구약 시대에 예수님이 오실 때까지는 성전이라는 눈에 보이는 건물에 매여 있었습니다. 그 안에서 드러지는 행위만이 종교적 행위로, 공간의 지배를 받았습니다. 하나님과 종적인 관계는 있었지만, 횡적인 관계가 확인될 길이 없었습니다.

신약에서는 성전이 따로 있는 것이 아닙니다. 예수님을 믿는 그리스도인들이 곧 성전입니다. 오늘날 주일 예배를 드리고 흩어져 버리는 건물이 교회가 아닙니다. 예배를 마친 순간부터 우리는 흩어집니다. 그 흩어진 사람들이 모이면 그곳은 작은 교회가 됩니다. 소그룹이 작은 교회라 할 수 있습니다. 사도행전에는 두 가지가 공존했는데, 공적인 예배가 있었을 뿐 아니라 가정에서 모이는 작은 그룹의 교회가 있었습니다. 이 두 가지가 조화를 이룰 때 균형 잡힌 건강한 그리스도인이 됩니다.

공동체에서 공적인 예배는 수직적으로 하나님께 집중하는 시간입니다. 또 우리가 흩어져 가정에서 소그룹으로 모여 예배를 드리는 수평적 관계가 있습니다. 우리는 그 속에서 서로 하나님을 만난 이야기를 나누고 우리의 신앙을 서로 격려하며 한 몸 됨을 경험합니다. 바울은 교회를 그리스도의 몸으로 묘사했습니다. 단지 기관이나 조직이 아닌 신비로운 몸입니다.

너희는 그리스도의 몸이요 지체의 각 부분이라 고전 12:27

몸이란 하나의 신체 기관만을 말하는 것이 아닙니다. 우리의 눈과 코와 입과 귀와 목과 손과 발과 온 신체 기관이 다 연결되어 몸이라고 합니다. 몸의 일부가 마음에 들지 않아도 그 일부를 부정할 수 없습니다. 부정하는 순간 몸은 망가집니다. 연약한 기관일수록 더 관심을 가지고 회복을 위해 노력해야 합니다.

교회를 말하다

우리가 한 몸에 많은 지체를 가졌으나 모든 지체가 같은 기능을 가진 것이 아니니 이와 같이 우리 많은 사람이 그리스도 안에서 한 몸이 되어 서로 지체가 되었느니라 롬 12:4-5

신자가 되었다면 우리는 어떤 형태로든 서로 연결되어 있습니다. 연결되었다는 것은 서로에게 책임이 있다는 뜻입니다. 공동체 안에서 실제적으로 경험하고 느껴야 합니다. 공적으로 수만 명이 모여 있는 교회에서는 느끼기 어렵습니다. 작은 그룹의 교회, 즉 소그룹에서 느낄 수 있습니다. 우리는 서로가 필요한 존재로서, 싫다고 내칠 수 없는 관계입니다. 그리스도를 머리로 한 함께 연결된 생명체입니다. 그래서 몸에 붙어 있을 때 하나님의 몸 안에서 신비한 생명을 느끼게 됩니다.

내가 건강하면 조금 아픈 부분이 있어도 다시 낫습니다. 왜냐하면 생명 안에 힘이 있기 때문입니다. 그것이 교회입니다. 그 교회를 실제적으로 경험해 볼 수 있는 곳은 주일 예배가 아니고 소그룹입니다. 공동체의 삶은 위력이 있습니다. 함께 있다는 것에는 굉장한 축복이 숨어 있습니다. 공동체는 하나님의 창조 계획 안에 들어 있습니다.

외로움은 인간이 스스로 만든 재앙입니다. 홀로 있을 때 웃을 일이 있습니까? 거의 없습니다. 언제 행복한가요? 아무리 맛있는 음식이라도 홀로 먹는다고 생각해 보십시오. 많은 연구를 통해 입증된 결과, 좋은 관계를 유지하는 사람은 면역 체계가 강화된다고 합니다. 우울증, 불안 장애, 치매의 위험도 줄어듭니다. 그리스도의 몸 안에 있는 생명적 관계에 연결되어 있어야 합니다. 무엇보다 은혜를 받을 때 함께하면 증폭됩니다. 함께 기도하고 예배할 때 엄청난 위력이 있습니다(마 18:20).

언제 범죄하나요? 홀로 있을 때 범죄를 저지릅니다. 외로울 때 유혹을 불러들입니다. 사탄은 하와가 아담과 함께 있지 않은 그 순간을 노리고 다가와 유혹했습니다. 공동체를 벗어나 홀로 있다는 것은 위험한 일입니다. 이단들에게 미혹을 당하는 사람들은 대부분 공동체의 관계 안에 있지 않을 때 그 일을 만납니다. 공동체는 우리의 영혼을 보호해 주는 강력한 울타리입니다. 성도들과 건강한 교제 가운데 있으면 죄의 유혹을 넉넉히 이깁니다. 생명적 연결 안에서 함께 성장합니다. 누구나 힘든 순간을 맞을 때가 있습니다. 그때 진심으로 위로해 줄 관계가 필요합니다(롬 12:15).

공동체를 통해 얻는 유익은 수없이 많습니다. 환란과 핍박이 많았던 초대 교회는 모이는 것을 포기할 수 없었습니다. 힘들고 어려운 인생을 살아가지만 우리 인생의 끝 날까지 함께해 주고 격려하며 기도하고 사랑을 베푸는 건강한 그리스도인 공동체가 있다면 넉넉히 승리할 수 있을 줄 믿습니다(히 10:24-25).

함께함은 훈련이다

우리는 함께함으로 훈련을 받고 변화를 경험합니다. 예수님이 제자들과 함께하신 이유는 무엇일까요? 함께함이 훈련이기 때문입니다. 홀로 도를 닦으면서가 아니라, 서로 부딪히면서 인격적 변화를 경험할 수 있습니다. 홀로는 온전해질 수 없습니다. 하나님과 우리의 관계를 통

교회를 말하다

해 우리는 연약함들을 채워 갑니다. 홀로 있을 때는 내가 누구인지 모릅니다. 홀로 있을 때 우리는 성자입니다. 까다로운 사람, 어려운 사람을 만나면 우리의 성격이 나옵니다. 다른 사람을 통하여 나를 발견합니다. 자신이 스스로를 발견할 수 없습니다. 자신 스스로를 평가하는 것은 위험한 일입니다.

결혼이 주는 유익이 무엇일까요? 이전에는 나만을 위해 돈이나 시간을 사용하고, 여행을 가고 싶으면 홀쩍 떠나면 되었지만 결혼을 하면 그럴 수 없습니다. 제한을 받게 됩니다. 시간과 물질을 나만을 위해 쓸 수 없습니다. 결혼하는 순간, 이기심이 아니라 이타심에 집중해야 합니다. 나 중심의 삶을 살아가던 것을 포기하고, 함께 살아가기 위해 상대를 위하여 기꺼이 나의 권리를 포기할 때 하나가 됩니다.

좋은 관계를 만들어 가는 것은 헌신이 없이는 불가능합니다. 희생이 없이는 안 됩니다. 좋은 친구도 그냥 만들어지지 않습니다. 나에게 마음에 드는 친구가 없다는 얘기는 내가 누군가에게 좋은 친구가 되려고 노력을 해 본 적이 없다는 뜻입니다. 그러므로 우리는 소그룹 안에 들어가 영적 훈련을 해야 합니다. 군중 속의 한 사람으로만 있고, 누구도 간섭하지 않으며, 내가 왔는지 안 왔는지 알 수 없는 주일의 공적 예배에서는 불가능합니다.

훈련은 관계 안에서 부딪히면서 하는 것입니다. 함께한다는 것은 불편한 것입니다. 그러나 불편을 기꺼이 감수하는 이유는 그 불편 속에서 훈련되고 내 삶이 성숙으로 가기 때문입니다. 주일에 예배만 드리고 돌아가면 부담 없고 편안할 수 있습니다. 그러나 편안함이 우리 삶의 목적이 아닙니다. 우리 삶의 목적은 참된 그리스도인으로 빚어지는 것입니다.

우리는 관계 안으로 들어가야 합니다. 관계 안으로 들어가려고 할 때 관계가 쉽지 않다는 것을 알게 됩니다. 우리가 완전한 사람이 아니기 때문에 관계 안으로 들어가면 반드시 위기를 맞고, 갈등이 일어나고, 불편함이 생기는 것은 사실입니다. 그러나 우리는 관계를 두려워하면서도, 동시에 좋은 관계를 맺고 싶어 하는 열망을 가지고 있습니다. 왜냐하면 하나님이 그렇게 만들어 놓으셨기 때문입니다. 하나님이 홀로는 결코 만족하거나 행복할 수 없도록 우리를 만드셨습니다.

오늘날 가족 공동체마저도 깨어져 가고 있습니다. 산업화 이후, 가족들은 다양한 이유로 떨어져 삽니다. 친밀한 시간을 가질 여유조차 없습니다. 끊임없이 일 중심으로, 성취와 성공을 중심으로 살아왔습니다. 그러다 보니 우리의 관계는 점점 멀어지고, 깨어지고, 삭막해지면서 변질된 사회로 가고 있습니다.

교회도 마찬가지입니다. 대형 교회는 그 위험이 굉장히 높습니다. 친밀한 관계를 전혀 맺지 않은 채 의무적인 출석에만 만족할 유혹이 큽니다. 인간은 사랑을 해야 삽니다. 사랑이 힘입니다. 사랑은 혼자 할 수 없습니다. 사랑이란 관계를 맺는 것입니다. 그런데 그냥 관계로는 사랑이 아닙니다. 친밀함의 관계여야 합니다. 친밀함이 깊어질 때 서로를 신뢰하게 되고, 그 신뢰감 속에서 만날 때 진정한 사랑이 일어납니다.

그런데 오늘날 우리는 그 신뢰가 깨어져 버렸습니다. 개인주의가

교회를 말하다

가속화하면서 서로를 신뢰하지 않고, 의미 있는 관계를 갖지 않으며, 의례적인 관계만 늘어나고 있습니다. 인간 내면의 갈망은 함께하는 것입니다. 하나님이 그렇게 만들어 놓으셨습니다.

"새 계명을 너희에게 주노니 서로 사랑하라 내가 너희를 사랑한 것 같이 너희도 서로 사랑하라"(요 13:34)라는 말씀에는 '서로'라는 단어가 두 번 나옵니다. 주님은 관계를 강조하셨습니다. '서로'란 단순히 얼굴만 알고 인사하는 정도가 아니라 의미 있는 관계를 말합니다.

> 너희가 서로 사랑하면 이로써 모든 사람이 너희가 내 제자인 줄 알리라 요 13:35

서로 사랑하는 것이 신자의 삶이어야 합니다. 사람들은 진정한 사랑을 나눌 수 있는 관계를 맺고 싶어 합니다. 신뢰할 수 있는 관계는 친밀한 관계여야 합니다. 친밀함이 없는 관계는 아무리 많아도 소용 없습니다.

바울이 교회를 그리스도의 몸이라고 한 것은 떼려야 뗄 수 없는 깊은 친밀함을 강조한 것입니다. 교회는 단순히 우리끼리만 예배드리고, 봉사하고, 적절한 만남 속에 흩어지라고 하나님이 만드신 것이 아닙니다. 하나님이 교회를 만드신 이유는 깨어지고 망가진 세상의 대안으로 삼으신 것입니다. 죄로 인하여 관계가 깨어져 버리고 공동체를 잃어버린 이 세상에 공동체를 회복시키기 위하여 하나님은 새로운 공동체를 만드셨습니다. 새로운 공동체를 통해 우리가 먼저 하나님 나라를 맛보고 회복되어, 외로움에 찌들어 살아가는 사람들을 이 새로운 공동체로 불러들여 하나님 나라를 경험하게 함으로 치유하게 하려고 만드신 것입니다.

세상은 사람들이 모여 살지만 집단적일 뿐 공동체는 없습니다. 이익을 위한 연대는 있지만 공동체는 없습니다. 도시는 비인간화되어 있습니다. 갈수록 계층 간의 갈등이 일어나고 다양한 차별 속에서 소외와 거절감에 시달립니다. 아이들은 경쟁적인 사회 속에서 학교에 들어가는 순간 살아남는 법, 이기는 법을 배워야 하고 최고가 되어야 하는 압박감 속에서 공동체를 느낄 수 없습니다.

그러나 교회는 세상이 도무지 흉내 낼 수 없는 공동체의 원형을 갖고 있습니다. 하나님의 아이디어입니다. 하나님의 구원 계획 안에 공동체가 있습니다. 하나님은 교회 공동체를 통해 세상을 회복시키고자 하십니다. 주님이 말씀하신 공동체는 세상의 모든 문제를 치유하고 회복시킬 수 있는 능력이 있습니다. 좋은 공동체는 저절로 이루어지는 것이 아닙니다. 대가를 지불하고 수고를 해야 합니다. 소그룹 안에 들어가면 때때로 상처를 받을 수 있지만, 그것을 감수하고 들어갈 만한 가치가 있는 것이 공동체입니다. 하나님의 사랑은 관계를 통해 경험할 수 있습니다. 우리는 서로 유익한 존재이고 함께할 때 하나님이 주시는 은혜가 큽니다.

하나님이 우리에게 주신 최고의 선물은 공동체입니다. 함께, 서로, 더불어 세워 가야 할 공동체로 하나님은 우리를 부르셨습니다. 그리스도인이라면 공동체를 세워 가야 할 사명이 주어졌습니다. 그 공동체에 우리는 속해야 하고, 그 공동체에 헌신함으로 하나님 나라를 확

교회를 말하다

장하게 될 것입니다.

세상의 수없는 갈등과 깨어짐과 고통과 불행을 느끼고 있는 사람들이 찾고 있는 것은 평일에 세상의 한가운데서 모여 주님의 은혜를 나누고 따뜻한 사랑을 느낄 수 있는 곳입니다. 외로움을 느끼지 않게 만드는 곳, 내가 불행과 어려움을 겪었을 때 기꺼이 다가와 함께해 줄 수 있는 곳, 하나님의 아이디어요 하나님의 계획인 공동체를 추구하며 살아갈 때 우리 모두가 함께 사는 은혜가 있을 것입니다.

Chapter 18

담장을 뛰어넘는
교회

우리는 종종 "뭉치자", "하나 되자"라는 말을 합니다. 그런데 때로는 이것이 개인이든, 단체든, 국가든 위험하게 변질될 가능성이 높습니다. 특별히 하나님이 없는 연합, 하나 됨은 굉장히 위험합니다. 하나님이 빠진 인간 중심의 하나 됨이 힘의 자랑으로 발전되면 결국은 그것이 하나님을 반역하는 것으로 나타날 수 있습니다. 창세기 11장의 바벨탑 사건은 "성읍과 탑을 건설하여 그 탑 꼭대기를 하늘에 닿게 하여 우리 이름을 내고 온 지면에 흩어짐을 면하자"(창 11:4)라는 목적을 가졌습니다. 그러나 바벨탑의 건설은 실패하고 말았습니다. 왜냐하면 하나님이 막으셨기 때문입니다.

하나님의 큰 그림, 흩어짐

사도행전 2장의 성령 강림 사건으로 인해 예루살렘 교회가 강력하게 일어났습니다. 베드로가 설교를 한 번 할 때 3,000명, 5,000명이 회개하고 돌아오고, 나중에는 셀 수 없는 무리가 하나님께 돌아왔습니다. 굉장히 빠른 시간 안에 폭발적인 성장이 일어났습니다. 그러자 기존의 정통 종교, 유대교에서 공격을 하고 핍박을 가했습니다. 이 핍박이 점점 가시화되면서 결국은 사도행전 7장 1절에서 스데반 집사가 순교를 당했습니다. 스데반의 순교는 교회 핍박의 신호탄이었습니다.

그날에 예루살렘에 있는 교회에 큰 박해가 있어 사도 외에는 다 유대와 사마리아 모든 땅으로 흩어지니라 행 8:1

여기서 '흩어졌다'라는 단어에 주목해야 합니다. 가벼운 핍박이 아닙니다. 3절의 "사울이 교회를 잔멸할새"에서 '잔멸'이라는 말은 바퀴벌레를 잡듯이 완전히 없애 버린다는 뜻입니다. 교회는 이제 막 성장하고 있는데 큰 위기를 맞았습니다. 이 위기 속에 사람들이 흩어지게 되는데, '다 유대와 사마리아 모든 땅으로' 흩어졌습니다.

"유대와 사마리아 모든 땅으로 흩어지니라"라는 말씀을 보니 사도행전 1장 8절, "오직 성령이 너희에게 임하시면 너희가 권능을 받고 예루살렘과 온 유대와 사마리아와 땅끝까지 이르러 내 증인이 되리라"라는 말씀이 떠오릅니다. 표면적으로는 핍박을 받아 흩어졌는데, 알고 보면 하나님의 말씀이 성취되어 가는 과정인 것입니다. 유대와 사마리아 땅까지 복음이 증거되는 과정이었습니다. 그렇다면 핍박을 피해서 흩어진 사람들이 무엇을 했습니까?

> 그 흩어진 사람들이 두루 다니며 복음의 말씀을 전할새 빌립이 사마리아성에 내려가 그리스도를 백성에게 전파하니 행 8:4-5

흥미로운 것은, 인간은 흩어짐을 면하려고 하지만 하나님은 흩으시고, 그 흩어짐에는 하나님의 의도가 분명히 있다는 것입니다. 교회가 흩어지게 되었다는 것은 중요한 의미가 있습니다.

첫째, 복음이 유대인만의 복음이 아니기 때문입니다. 유대주의자들의 약점은 유대인만의 하나님, 즉 유대인만이 택함 받았고, 유대인만이 구원을 받았다고 생각한다는 것입니다. 이것은 유대인의 오류입

교회를 말하다

니다. 예수님을 믿고도 유대인이라는 선민사상은 쉽게 없어지지 않습니다. 그 안에 갇혀 있는 것입니다. 심각한 오해입니다.

그러나 기독교는 특정한 계층과 부류나 민족만의 종교가 아닙니다. 한 민족만의 종교, 지역 종교가 아니고, 모든 믿는 자에게 구원을 주시는 하나님의 능력, 만민의 복음입니다. 오늘날 전 세계적인 종교로 알려진 것들이 있는데, 실제로 전 세계적인 종교로 편만하게 펼쳐져 있는 종교는 기독교밖에 없습니다. 무슬림의 90퍼센트 이상은 동남아시아와 중동과 북아프리카 일대에 속해 있습니다. 그리고 힌두교의 95퍼센트는 인도와 그 접경 지역에만 있습니다. 불교도의 약 88퍼센트는 동남아시아에 대부분 집중되어 있습니다. 그러나 기독교는 모든 민족에게 편만합니다. 기독교의 약 25퍼센트는 유럽에, 25퍼센트는 중남미에, 22퍼센트는 아프리카에, 급성장 중인 아시아에 15퍼센트가, 그리고 12퍼센트는 북미에 분포되어 있습니다. 종교 분포로 보면, 기독교는 서구 종교가 아니라 진정한 세계 종교입니다.

오늘날 사람들은 기독교를 서구의 종교로 오해합니다. 물론 하나님이 바울을 아시아가 아닌 유럽으로 먼저 보내서서 서구가 먼저 복음을 받아들이고 복음의 불이 붙었기 때문입니다. 그러나 복음은 특정한 문화에 속한 것이 아니라, 모든 민족과 족속과 방언으로 확장되었습니다. 복음이 미치는 영향력은 한 민족과 문화에 속하지 않고 모든 문화에 깊이 들어가서 사람들을 바꾸어 놓습니다. 이것은 놀라운 일입니다. 그래서 예수님은 "하나님이 세상을 이처럼 사랑하사"(요 3:16)라고 말씀하셨습니다. 하나님은 유대인만을 사랑하시는 것이 아닙니다.

예루살렘에만 머물러 있던 복음이 유대와 사마리아로 퍼져 나갔다는 것은 굉장히 중요합니다. 사마리아는 경계선이었습니다. 유대인들에게는 편견과 증오의 땅이었습니다. 유대인들이라면 넘지 못하는 거대한 벽이었는데 핍박을 통해서 가지 않을 수 없게 되었습니다. 핍박으로 경계선을 넘었습니다(행 8:5). 복음은 편견을 뛰어넘게 했습니다.

복음은 모든 민족에게 전해져야 합니다. 하나님이 나를 사랑하신다면 내가 미워하는 저 사람도 사랑하시는 것인데, 내가 그를 거절하는 경우가 많습니다. 이제 하나님은 사마리아를 넘게 하시려고 핍박이라는 도구를 사용하신 것입니다. 4절에서 '흩어지다'라는 단어는 농부가 땅에 씨를 흩뿌리는 것을 의미합니다. 하나님이 사람들을 흩뿌리심으로 복음이 곳곳에 퍼져 나가게 하셨습니다. 풍성하고 흘러넘쳤던 예루살렘에 핍박이라는 도구를 통해 사람들을 흩으심으로, 그들이 가지고 있는 복음이 곳곳에 퍼져 나가게 하셨습니다. 핍박은 어려운 일이었지만, 결국 복음의 진보가 나타난 것입니다.

가끔 우리에게 어려운 일들이 닥칠 때 원망스럽지만, 돌아보면 그것이 하나님의 은혜라는 생각을 할 때가 많습니다. 예루살렘에서 예수님을 잘 믿고, 신앙생활을 잘하고, 구제도 잘하고 있는데 갑자기 핍박이 일어나 삶의 근거지를 옮겨 산지사방으로 흩어졌을 때 사람들 안에 '왜 예수님을 잘 믿는데 이런 일이 일어날까?' 하며 원망이 있었을 것입니다. 그러나 그 일을 통하여 하나님은 하나님의 백성을 더 견고하게 하셨고, 하나님의 역사에 진보가 일어났습니다. 더 많은 사람에

교회를 말하다

게 구원을 주시려는 하나님의 의도가 그 속에 있었던 것입니다.

우리가 신자가 된 이후 우리의 삶에 일어난 일들이 우리를 망하게 하는 것이 아니라, 하나님의 섭리에 우리를 가담시키시고 사용하시려는 그분의 뜻이 있다는 것을 놓치지 않기를 바랍니다. 우리의 삶이 꼬이지만 하나님의 뜻이 이루어진다면 그것은 성공한 인생입니다.

둘째, 흩어져야 교회가 교회다워지고, 건강한 교회가 됩니다. 모이는 이유는 흩어지기 위해서입니다. 균형입니다. 잘 모이고 잘 흩어져야 합니다. 건강한 공동체의 특징입니다. 모이는 이유는 흩어지기 위해서입니다. 교회는 우선 잘 모여야 합니다. 그리고 모이는 것으로 끝나면 안 됩니다. 모여서 영적으로 무장하여 예배드리고, 은혜를 받고, 세상으로 흩어져야 합니다. 계속 모이기만 하면 주님이 원하시는 교회가 안 됩니다.

성을 쌓는 교회가 있고, 길을 내는 교회가 있습니다. 성을 쌓는 교회는 계속 벽을 치고 울타리를 만들어 절대 나가지 않고 수만 자꾸 불립니다. 건강한 교회와 소그룹은 분가를 계속합니다. 건강의 척도입니다. 그런데 분가를 하지 않고 계속 모여만 있으면 병이 들어 있는 것입니다. 끼리끼리 문화가 강하고, 배타적인 문화가 되고, 다른 사람을 품고 용납하고 받아들이지 않습니다.

떠남이 두려운 일인 것은 사실입니다. 모여서 서로 도움과 위로를 주고받으면 좋은 것도 사실입니다. 예수님의 변화산 사건에서도 마찬가지입니다. 신비로운 경험을 하고 난 베드로는 그 경험에 도취되어 "우리가 여기 있는 것이 좋사오니"(마 17:4; 막 9:5; 눅 9:33)라는 말을 연발하며 산 아래의 삶과 분리되기를 원했습니다. 하지만 예수님의 의도는 그것이 아니었습니다.

모여만 있으면 내부적인 분열이 일어납니다. 모든 관심이 내부 지향적이 됩니다. 모이면 영역 싸움이 일어나고, 이기심이 발동하여 소유하려는 충돌이 벌어집니다. 그런 곳에서는 자연히 불평이 많아집니다. 예루살렘 교회 안에는 구제로 인한 문제가 터졌습니다. 결국 사도들은 일곱 집사를 세워 재정적인 문제를 정리하고 사도들은 기도와 말씀에 전무하기로 했습니다. 다 정리가 되었지만 근본적인 해결책이 될 수는 없었습니다. 모여 있는 동안에는 내부적 문제가 언제든 터질 수 있습니다.

교회가 모이는 것만 강조하면 비대해지는데, 이것은 건강한 성장이라고 말할 수가 없습니다. 결국 비본질적인 문제로 에너지를 낭비하게 됩니다. 서로 키 재기를 하고 유치한 전쟁을 합니다. 사역하다 지치고 불평하며 섭섭해합니다. 교회가 본질을 놓치면 비본질이 본질의 자리를 차지합니다.

흩어지면 그곳에는 기득권이 없어집니다. 흩어지면 서로 도와야 살 수 있습니다. "가라"는 명령에 순종하면 당장은 불편해집니다. 아브라함은 "가라"는 명령을 받들어 고향과 아버지 집을 떠난 순간부터 위험하고 불편해졌습니다. 믿음의 길은 불편함을 받아들이는 데서 부터 출발합니다. 하나님의 음성을 들은 사람들은 닫힌 구조에서 열린 구조로 전환됩니다.

교회를 말하다

영적 노마드로 살아가는 삶

핍박으로 인해서 주목할 부분이 이어지는 사도행전 8장 5-6절에 나옵니다.

빌립이 사마리아성에 내려가 그리스도를 백성에게 전파하니 무리가 빌립의 말도 듣고 행하는 표적도 보고 한마음으로 그가 하는 말을 따르더라 행 8:5-6

빌립은 사도가 아니라 집사입니다. 그러나 그의 행적을 보면 사도들 이상의 사역을 감당하고 있습니다. 이는 새로운 시대가 열렸음을 시사합니다. 앞에서는 사도들의 독무대였습니다. 그러나 이제 변화가 일어났습니다. 핍박을 받아 살던 곳을 떠나 피신하던 사람들이 그처럼 담대하게 복음을 전하고, 귀신을 쫓아내고, 표적을 나타낼 수 있었던 것은 성령의 권능이고 복음의 능력입니다.

이는 곧 선지자 요엘을 통하여 말씀하신 것이니 일렀으되 하나님이 말씀하시기를 말세에 내가 내 영을 모든 육체에 부어 주리니 너희의 자녀들은 예언할 것이요 너희의 젊은이들은 환상을 보고 너희의 늙은이들은 꿈을 꾸리라 행 2:16-17

새로운 시대가 열렸습니다. 직분 중심, 나이 중심이 아니고, 남녀 구분도 없습니다. 성령이 임하시니 누구든지 쓰임을 받았습니다. 사도가 아니지만 복음을 전하니까 능력이 나타났습니다. 사도행전 8장을 보면 사마리아성 전체를 한 집사가 뒤집어 버렸습니다. 초대 교회

집사들은 대단했습니다. 순교를 불사했습니다. "오직 성령이 너희에게 임하시면 너희가 권능을 받고 예루살렘과 온 유대와 사마리아와 땅끝까지 이르러 내 증인이 되리라"(행 1:8)라는 말씀의 성취입니다. 직분이 무엇인가에 따라서가 아니라, 복음을 전하는 곳에 성령의 권능이 나타났습니다.

하나님의 능력은 하나님의 목적과 연결될 때 일어납니다. 빨래를 하거나 밥을 먹을 때 하늘의 능력이 필요한 것이 아닙니다. 우리가 잘난 사람이 되고 유능한 인물이 되는 것이 초점이 아닙니다. 하나님이 능력을 주시는 이유는 분명합니다. 흩어져 복음을 증거하려고 할 때가 능력이 필요한 순간입니다.

하나님은 우리 민족을 다양한 나라로 흩으셨습니다. 본래 우리 민족은 단일 민족을 자랑했습니다. 과거에는 외세의 침입을 막고 쇄국 정책을 펴기도 했습니다. 일제 치하를 겪고 전쟁을 치르기도 했지만 우리는 꿋꿋하게 단일 민족을 강조하며 하나로 뭉쳤습니다. 1970년대 이전만 해도 우리나라를 벗어나 다른 나라에서 산다는 것은 생각해 보지 못했습니다. 그러나 광부와 간호사들이 독일로 취업을 나가고, 남미로 농업 이민을 간 일을 기점으로 서서히 바깥으로 눈을 돌리기 시작했습니다. 한국인들이 온 세상으로 흩어지게 되었습니다. 세계에 많이 흩어진 민족은 유대인입니다. 그보다 더 많이 흩어진 민족이 중국인입니다. 그런데 중국인보다 더 많이 흩어진 민족이 한국인입니다. 180개국 이상에 흩어져 지금은 한국인이 살지 않는 곳이 거의 없습니다.

교회를 말하다

놀라운 것은 우리 민족 안에 흩어지는 정신(Nomad, 유목민)이 들어 있다는 것입니다. 용기가 대단합니다. 아프리카 내전으로 모든 사람이 다 피신하는데도 문을 열어 놓고 장사를 하는 사람들이 한국인들입니다. 개척자 정신이 있습니다. 바로 유목민, 노마드 정신입니다. 영적 노마드 정신이 우리 안에 있습니다. 한국인들은 놀랍습니다. 중국인들은 어디를 가나 중국 식당을 만들고, 일본 사람들은 회사를 세우는데, 한국 사람들은 교회를 세웁니다. 그리고 어떤 민족보다 세계 선교에 깊은 관심을 갖고 섬기고 있습니다. 서구의 교회마저도 한국 교회를 기대하고 있습니다.

우리 모두는 선교사입니다. 임명을 받든, 받지 않든 중요하지 않습니다. 하나님으로부터 보내심을 받은 선교사들이기 때문입니다. 신약의 교회, 모든 성도는 주님으로부터 파송을 받은 선교사들입니다. 선교사 자격증이 있든, 없든 중요하지 않습니다. "예수께서 또 이르시되 너희에게 평강이 있을지어다 아버지께서 나를 보내신 것같이 나도 너희를 보내노라"(요 20:21)라는 말씀이 중요합니다. 이 말씀은 부활하신 예수 그리스도가 제자들에게 하신 말씀입니다. 제자들에게만 주신 것이 아니라 신약의 교회 모두에게 주신 말씀입니다.

교회가 몇 명의 선교사를 보내느냐는 중요하지 않습니다. 사실은 교회 전체가 선교 공동체이고, 모든 그리스도인이 선교사입니다. 그래서 우리는 '선교적 삶'(Missional Life)을 살아야 합니다. 선교적 마인드를 가지고 살아야 합니다. 특정인이 아니라 모든 성도가 선교사라는 개념을 받아들이는 것이 성경적입니다. 지금은 직업적 선교사 시대이기보다 평신도 전문 선교 시대입니다. 출장을 가거나 여행을 가서 기회가 되는 대로 복음을 전한다면 그것이 선교입니다. 기회가 주어진 다면 언제든지 복음을 전하는 태도를 가지고 살아가는 선교적 삶을 살아갈 때 하나님의 복음이 나를 통하여 모든 이웃과 열방에게로 흩어지는 역사가 있게 될 줄 믿습니다.

신약이나 구약이나 모두 "가라"의 영성입니다. 창세기 12장은 믿음의 조상 아브라함의 출발 지점입니다. 아브라함은 최초의 선교사입니다. 선교사는 "가라"는 명령에 순종해야 합니다. 하나님은 보내시는 분이시고, 우리는 보내심을 받은 사람들입니다. 신약도 마찬가지입니다. 하나님은 아들을 세상에 보내셨고, 부활하신 주님은 동일하게 제자들을 보내셨습니다. 신약 교회는 전체가 "가라"는 명령을 받았습니다. 이 위대한 명령에서 제외된 사람은 없습니다.

하나님은 어설프게 바벨탑을 쌓아 땅에서 충만하려는 인간의 야망을 꺾으셨습니다. 대신 복음을 온 땅에 충만하게 하시려는 뜻을 드러내시고 완성하고 계십니다. 부르심을 받은 사람은 떠나야 합니다. 편안하고 안전한 삶을 떠나야 이웃에게로 나갈 수 있습니다. 하나님은 열방의 하나님이십니다. 하나님이 우리를 흩으시는 이유는 우리를 통해 세상에 복 주시기 위해서입니다. 영적 노마드로 살아가야 합니다. 흩어지는 것은 하나님의 뜻입니다. 사도행전 1장 8절을 보면 예루살렘만이 아닙니다. 하나님은 우리가 온 유대와 사마리아와 땅끝까지 이르기를 원하십니다.

'사도행전'을 영어로 'Acts'라고 합니다. 사도들이 움직이고, 하나

교회를 말하다

님의 백성이 움직이고, 복음이 움직이고, 성령이 움직이십니다. 우리가 예수님을 믿고, 은혜 받고, 가만히 있으면 병이 듭니다. 생동적으로 움직이지 않으면 어느 날 영적 무기력증에 빠져 버립니다. 교회 안에서만 머물러 있으면 괜히 시험에 듭니다. 영적 노마드로 살아야 합니다.

칭기즈칸(Chingiz Khan)이 유럽까지 정복할 수 있었던 힘은 노마드 정신 때문이었습니다. 그는 끊임없이 옮겨 다녔습니다. 오늘 우리 시대가 유목민적 시대입니다. 폐쇄적인 삶을 살면 개인도, 기업도, 국가도 죽습니다. 이제는 고정된 공간이 필요하지 않은 직종도 많아졌습니다. 끊임없이 움직입니다. 공항에만 가 봐도 수많은 사람이 이동하며 살아갑니다. 수없이 많은 노선이 실핏줄처럼 뻗어 있고 하루에도 셀 수 없이 많은 비행기가 오르내리며 수많은 사람이 이동하고 있습니다. 다양한 민족들이 뒤섞여 살아가면서 단일 민족, 우리만의 혈통을 고집하기 어려운 시대가 되었습니다.

요즘은 자기가 태어난 곳에서 살아가는 사람은 거의 없습니다. IT시대에는 더욱 그렇습니다. 모든 문화가 실시간으로 연결됩니다. 매일 우리는 세계의 문화를 접하며 살아가고 있습니다. 믿음의 조상인 아브라함이 노마드로 살았습니다. 그는 고향 아버지의 집을 떠나 끊임없이 이주하며 살았습니다. 끊임없는 하나님의 인도하심과 부르심 속에 언제든지 순종할 태도를 가지며 사는, 부르심에 합당한 삶이 바로 노마드, 유목민의 삶입니다. 흩어지는 디아스포라입니다.

복음이 세상 모든 민족에게 전파되기 원한다면 한곳에만 정주하지 않고 계속 복음을 위해 떠나야 합니다. 은혜를 받고 훈련받았다는 것은 사명입니다. 그 사명의 핵심은 복음 증거이고, 복음 증거를 위하여 우리는 움직여야 합니다. 신약의 그리스도인들은 모두가 동사형이어야 합니다. 우리가 가지고 있는 복음은 놀라운 것입니다.

어느 곳에 가든지 선교를 너무 거창하게 생각할 필요가 없습니다. 그냥 삶입니다. 부르심을 받은 곳으로 나아가야 합니다. 예수 그리스도의 복음은 우리의 울타리 안에 갇혀만 있기를 원하지 않습니다. 하나님은 성을 쌓고 우리끼리만의 천국을 만드는 것을 결코 원하지 않으십니다. 하나님이 우리를 보내시는 곳이 어디든지 복음의 증인으로 민들레 홀씨처럼 살아가야 합니다. 하나님은 민들레 홀씨가 바람에 흩날리면서 경계선을 넘어 이웃의 뜰에 떨어져 뿌리를 내리듯이, 주님의 복음이 온 세계, 모든 민족에게로 흩어지기를 원하십니다.

모두가 다 선교사로 나가라는 얘기가 아닙니다. 사람들마다 각자 소명은 다르지만 한 가지 동일한 부르심은 우리 모두가 증인들이라는 것입니다. 우리 민족이 힘들어 광부로, 혹은 이민으로 나아간 시절은 우리 역사에서 아픈 시절이었습니다. 그러나 지나고 보면 민족적으로 가난하여 배고픈 시련 속에 흩어지지 않을 수 없었던 그 사건들 가운데 하나님의 계획하심이 있었습니다. 하나님은 우리 민족을 미국 다음으로 2만 8,000명의 선교사를 파송하는 선교대국으로 세우셨습니다. 그리고 한민족이 흩어져 780만 명의 디아스포라를 통해 5,500개 이상의 교회가 온 세계에 세워져 하나님의 뜻을 지금도 이루어 가고 있습니다.

우리가 무엇을 하든, 어디에 있든 우리는 부르심을 받은 사람이고 선교적 삶을 살아야 할 줄 믿습니다. 우리에게 주어진 복음은 우리만의 복음이 되어서는 안 됩니다. 나만 알고 보자기에 꽁꽁 싸 두라고 주신 복음이 아닙니다. 복음을 알면 그렇게 살 수 없습니다. 선교는 의무적으로 할 수 있는 일이 아닙니다. 자발적이고 즐거운 것이고, 행복한 일입니다. 핍박을 받아 주거지를 강제로 옮겨 다닐 수밖에 없음에도 복음을 증거한 빌립과 하나님의 사람들의 모습을 보면서 복음의 위력을 깨닫게 됩니다.

우리의 신앙에서 중요한 것은 우리의 뜻과 의도가 아니라, 하나님의 뜻입니다. 성경을 읽을 때마다 하나님의 뚜렷한 뜻이 무엇인지를 찾아야 합니다. 그런데 하나님이 강력하게 우리에게 주시는 하나님의 뜻이 있습니다. 그것은 바로 "오직 성령이 너희에게 임하시면 너희가 권능을 받고 예루살렘과 온 유대와 사마리아와 땅끝까지 이르러 내 증인이 되리라"(행 1:8)와 "그러므로 너희는 가서 모든 민족을 제자로 삼아 아버지와 아들과 성령의 이름으로 세례를 베풀고"(마 28:19)라는 말씀입니다.

우리가 모든 민족을 제자 삼으려면 모든 민족에게로 흩어져야 합니다. 선교적 공동체가 답입니다. 성도 한 사람 한 사람이 흩어지는 교회여야 합니다.